2024
쪽집게
복원문

KB138453

제과
제빵
기능사

CBT 기출문제집

▶ 유튜버 빵선생의 과외교실

• 핵심요약노트 수록

• NCS 국가직무능력표준 교육과정 반영

• CBT체험형 기출문제(문제+해설 분리형)

• 저자직강 ▶ 유튜브 채널 운영(전 강좌 무료)

 VIP 등업 카페 닉네임 작성란

_____

김연진 편저

합격에 한 걸음 더 가까워지는 빵선생만의 비법!
이런 분들께 이 책을 적극 추천합니다!

1. 문제를 아무리 많이 풀어도 합격이 어려우신 분들!

문제를 정말 많이 풀었는데도 항상 아슬아슬하게 불합격 하신다구요?
기출 빈도가 높은 문제들 위주로 확실히 이해하고 암기 하는 것이 우선이며,
그 다음으로 문제를 많이 풀어 보는 것이 좋습니다.
그래서 이 책은 기출 빈도가 높은 문제들로만 구성 하였습니다.
기능사 시험에는 당연히 생소한 문제가 존재합니다만 이 책의 문제들만 정확하게
이해하고 암기하신다면 충분히 합격하실 수 있습니다.

2. 기존 책이 있어도 공부가 잘 안되시는 분들!

분명히 집에 책이 있고, 필기도 열심히 하고 공부를 많이 했다고 생각했는데,
합격하는 것이 어려우시다구요?
길고 어려운 해설들은 집중력을 떨어트립니다. 집중도를 높일 수 있도록, 쉽고 간결
한 해설을 통하여 빠르고 쉽게 이해와 암기를 하신다면 기존 책과 병행하였을 때,
더 큰 역량을 발휘하실 수 있습니다.

3. 완벽한 이해와 암기가 힘드신 분들!

이해를 분명히 한 것 같은데 문제만 풀면 틀리고, 암기를 완벽하게 한 것 같은데 문제만 풀면 기억이 안나신다구요?

유튜버 빵선생의 과외교실에서 무료 인강을 통하여 더 쉽고 빠른 이해를 도와드립니다.

무료 강의에서는 정답 및 해설에 있는 해설 뿐 만이 아닌, 조금 더 쉽게 이해 하실 수 있도록 복습과 함께 한 문제와 관련하여 어떤 유형으로도 문제가 나올 것임을 보다 더 자세하게 알려드립니다.

조금이나마 고생을 덜고, 자신감을 얻으셔서 꼭 합격하시길 기원합니다.

유튜버 빵선생의 과외교실

김 연 진

제과·제빵 기능사 시험 안내		
시험 과목	필기	제과기능사 - 과자류 재료(제과이론), 제조 및 위생관리 제빵기능사 - 빵류 재료(제빵이론), 제조 및 위생관리
	실기	제과 기능사 - 제과 실무 제빵 기능사 - 제빵 실무
검정 방법	필기	객관식 4지 택일형, 60문항(60분)
	실기	작업형(2~4시간 정도)
합격 기준	필기	100점 만점에 60점 이상(시험 종료 후, 합격 여부 발표)
	실기	100점 만점에 60점 이상(1~2주 후 합격 여부 발표)
시험 응시료	필기	14,500원
	실기	제과(29,500원), 제빵(33,000원)
응시 제한	제한 없음	
유효 기간	필기 취득 후, 2년 *제과 실기 최종 합격 후에도 제빵 필기가 없으면 실기를 볼 수 없음 제과 필기→제과 실기 / 제빵 필기→제빵 실기	
준비물	수험표, 신분증	
원서접수처	큐넷 http://www.q-net.or.kr →회원가입→사진등록→원서접수	

※**시행 기관** : 한국산업인력공단
※**관련 부처** : 식품의약품안전처

✓이 책의 활용법!

STEP 01

문제분리형으로 실전감각↑

웹으로 치뤄지는 CBT형식
시험에 대비하여 미리 눈으로
익히며 풀어보는 기출문제!
문제＋해설을 분리하여 실전
감각 UP!

* http://www.q-net.or.kr/cbt/
index.html(CBT 체험 주소)

STEP 02

풍부한 해설로 이해력 UP!

저자직강 무료강의로 강사님과
소통하며 각 파트별 다양한
문제를 자세한 해설과 함께
풀다보면 합격에 한걸음 더
가까이!

* cafe.naver.com/hassamcook
(네이버 카페 주소)

STEP 03

핵심요약노트

필기 시험을 준비하면서 반드
시 알아야 하는 부분으로 기본
적으로 반드시 숙지 필요! 시험
직전에 마지막 실력점검하기!

① **다크 초콜릿** : 카카오 매스 + 설탕, 카카오 버터, 레시틴, 향

② **밀크 초콜릿** : 다크 초콜릿 + 분유

③ **화이트 초콜릿** : 카카오 버터 + 설탕, 분유, 레시틴, 향 등

④ **커버추어 초콜릿** : 천연 카카오 버터가 주성분이기 때문에 반드시 템퍼링을 거쳐야 초콜
릿 특유의 광택이 나며 블룸이 없는 초콜릿을 얻을 수 있다.

⑤ **가나슈용 초콜릿** : 카카오 매스에서 카카오 버터를 넣지 않고 설탕을 더함으로써, 유지
함량이 적어 생크림 같이 지방과 수분이 분리될 위험이 있는 재료와도 잘 어울리나 커
버추어처럼 코팅용으로 이용하기에는 부적합하다.

⑥ **코팅용 초콜릿** : 카카오 매스에서 카카오 버터를 제거한 다음 카카오 버터 대신 식물성
유지와 설탕을 넣어 쉽게 만든 것으로, 템퍼링 작업 없이도 손쉽게 사용할 수 있
용으로 사용된다. 용점(녹는점)이 겨울에는 낮고, 여름에는 높은 것이 좋다.

⑦ **코코아 분말** : 카카오 매스에서 카카오 버터를 2/3정도 추출한 후, 그 나머지

제과제빵 필기책 무료인강 - 재료과학(초콜릿)p140~143

*유튜버 빵선생님의 딕션종은 강의로 포인트를 짚어주니 기억력이 쏙!쏙! ~

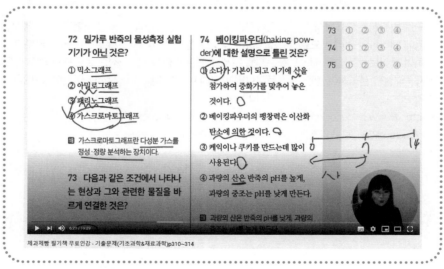

제과제빵 필기책 무료인강 - 기출문제(기초과학&재료과학)p310~314

*한 문제 한 문제 정성스럽게 설명해주시니 이해력이 쏙!쏙! ~

*빵선생 과외교실 유튜브 채널에서 만나는 다양한 합격후기 댓글들!

강사님과 소통가능한 카페
cafe.naver.com/hassamcook

목차
(Contents)

PART 1

:제과기능사 문제

CBT 체험형 기출문제
제과기능사

• 수험번호 :
• 수험자명 :

• 제한 시간 :
• 남은 시간 :

글자
크기   화면
배치

• 전체 문제 수 :
• 안 푼 문제 수 :

1회

01 거품형 케이크 반죽을 믹싱할 때 가장 적당한 믹싱법은?

① 중속→저속→고속

② 저속→고속→중속

③ 저속→중속→고속→저속

④ 고속→중속→저속→고속

02 젤리 롤 케이크 반죽 굽기에 대한 설명으로 틀린 것은?

① 두껍게 편 반죽은 낮은 온도에서 굽는다.

② 구운 후 철판에서 꺼내지 않고 냉각시킨다.

③ 양이 적은 반죽은 높은 온도에서 굽는다.

④ 열이 식으면 압력을 가해 수평을 맞춘다.

03 파이 껍질이 질기고 단단하였다, 그 원인이 아닌 것은?

① 강력분을 사용하였다.

② 반죽시간이 길었다.

③ 밀어 펴기를 덜하였다.

④ 자투리 반죽을 많이 썼다.

04 다음의 케이크 반죽 중 일반적으로 pH가 가장 낮은 것은?

① 스펀지 케이크

② 엔젤 푸드케이크

③ 파운드 케이크

④ 데블스 푸드케이크

05 실내온도 30℃ 실외온도 35℃ 밀가루온도 24℃ 설탕온도 20℃ 쇼트닝온도 20℃ 계란온도 24℃ 마찰계수가 22이다. 반죽온도가 25℃가 되기 위해서 필요한 물의 온도는?

① 8℃

② 9℃

③ 10℃

④ 12℃

06 커스터드 푸딩을 컵에 채워 몇℃의 오븐에서 중탕으로 굽는 것이 가장 적당한가?

① 160~170℃

② 190~200℃

③ 201~220℃

④ 230~240℃

CBT 체험형 기출문제
제과기능사
• 수험번호:
• 수험자명:

• 제한 시간:
• 남은 시간:

글자
크기 100% 150% 200% 화면
배치
• 전체 문제 수:
• 안 푼 문제 수:

답안 표기란				
07	①	②	③	④
08	①	②	③	④
09	①	②	③	④
10	①	②	③	④
11	①	②	③	④
12	①	②	③	④

07 과자 반죽의 온도 조절에 대한 설명으로 <u>틀린</u> 것은?

① 반죽 온도가 낮으면 기공이 조밀하다.

② 반죽온도가 낮으면 부피가 작아지고 식감이 나쁘다.

③ 반죽 온도가 높으면 기공이 열리고 큰 구멍이 생긴다.

④ 반죽 온도가 높은 제품은 노화가 느리다.

08 제조 공정 시 표면 건조를 하지 <u>않는</u> 제품은?

① 슈

② 마카롱

③ 밤과자

④ 핑거쿠키

09 다음 중 제품의 비중이 <u>틀린</u> 것은?

① 레이어 케이크 : 0.75~0.85

② 파운드 케이크 : 0.8~0.9

③ 젤리롤 케이크 : 0.7~0.8

④ 시퐁 케이크 : 0.45~0.5

10 구워낸 케이크 제품이 너무 딱딱한 경우 그 원인으로 <u>틀린</u> 것은?

① 배합비에서 설탕의 비율이 높을 때

② 밀가루의 단백질 함량이 너무 많을 때

③ 높은 오븐 온도에서 구웠을 때

④ 장시간 굽기 했을 때

11 더취 코코아(Dutched cocoa)이 장점이라고 볼 수 <u>없는</u> 것은?

① 코코아 입자의 침전방지

② 색깔의 향상

③ 풍미의 향상

④ 원두의 모양 균일화

12 소프트 롤 케이크는 어떤 배합을 기본으로 하여 만드는 제품인가?

① 스펀지 케이크 배합

② 파운드 케이크 배합

③ 하드롤 배합

④ 슈크림 배합

CBT 체험형 기출문제
제과기능사

・수험번호:
・수험자명:

・제한 시간:
・남은 시간:

글자
크기  100% 150% 200%

화면
배치

・전체 문제 수:
・안 푼 문제 수:

답안 표기란

13	①	②	③	④
14	①	②	③	④
15	①	②	③	④
16	①	②	③	④
17	①	②	③	④
18	①	②	③	④

13 쿠키의 제조 방법에 따른 분류 중 계란흰자와 설탕으로 만든 머랭 쿠키는?

① 짜서 성형하는 쿠키

② 밀어 펴서 성형하는 쿠키

③ 프랑스식 쿠키

④ 마카롱 쿠키

14 나가사끼 카스테라 제조 시 굽기 과정에서 휘젓기를 하는 이유가 아닌 것은?

① 반죽온도를 균일하게 한다.

② 껍질표면을 매끄럽게 한다.

③ 내상을 균일하게 한다.

④ 팽창을 원활하게 한다.

15 코코아 20%에 해당하는 초콜릿을 사용하여 케이크를 만들려고 할 때 초콜릿 사용량은?

① 16%

② 20%

③ 28%

④ 32%

16 튀김기름의 품질을 저하시키는 요인으로만 나열된 것은?

① 수분, 탄소, 질소

② 수분, 공기, 철

③ 공기, 금속, 토코페롤

④ 공기, 탄소, 세사몰

17 파운드 케이크 제조에 대한 설명으로 맞는 것은?

① 오븐 온도가 너무 높으면 케이크의 표피가 갈라진다.

② 너무 뜨거운 오븐에서는 표피에 비늘 모양이나 점이 형성된다.

③ 여름철에는 유지온도가 30℃ 이상이 되어야 크림성이 좋다.

④ 윗면이 터지게 하려면 굽기 전후에 스팀을 분무한다.

18 푸딩 표면에 기포 자국이 많이 생기는 경우는?

① 가열이 지나친 경우

② 계란의 양이 많은 경우

③ 계란이 오래된 경우

④ 오븐 온도가 낮은 경우

글자
크기

· 전체 문제 수 :
· 안 푼 문제 수 :

답안 표기란				
19	①	②	③	④
20	①	②	③	④
21	①	②	③	④
22	①	②	③	④
23	①	②	③	④

19 다음 제품 중 건조 방지를 목적으로 나무틀을 사용하여 굽기를 하는 제품은?

① 슈

② 밀푀유

③ 카스테라

④ 퍼프 페이스트리

20 파운드 케이크를 구운 직후 계란 노른자에 설탕을 넣어 칠할 때 설탕의 역할이 <u>아닌</u> 것은?

① 광택제 효과

② 보존기간 개선

③ 탈색 효과

④ 맛의 개선

21 다음 중 제과용 믹서로 적합하지 <u>않은</u> 것은?

① 에어믹서

② 버티컬믹서

③ 연속식 믹서

④ 스파이럴믹서

22 다음 중 반죽형 케익에 대한 설명으로 <u>틀린</u> 것은?

① 밀가루, 계란, 분유 등과 같은 재료에 의해 케이크의 구조가 형성된다.

② 유지의 공기 포집력, 화학적 팽창제에 의해 부피가 팽창하기 때문에 부드럽다.

③ 레이어 케이크, 파운드케이크, 마들렌 등이 반죽형 케익에 해당된다.

④ 제품의 특징은 해면성(海面性)이 크고 가볍다.

23 퍼프 페이스트리를 제조할 때 주의할 점으로 <u>틀린</u> 것은?

① 성형한 반죽을 장기간 보관하려면 냉장하는 것이 좋다.

② 파치(scrap pieces)가 최소로 되도록 정형한다.

③ 충전물을 넣고 굽는 반죽은 구멍을 뚫고 굽는다.

④ 굽기 전에 적정한 최종 휴지를 시킨다.

CBT 체험형 기출문제
제과기능사

· 수험번호 :
· 수험자명 :

· 제한 시간 :
· 남은 시간 :

글자
크기 100% 150% 200%

화면
배치

· 전체 문제 수 :
· 안 푼 문제 수 :

24 다음 중 산 사전처리법에 의한 엔젤푸드케이크 제조공정에 대한 설명으로 **틀린** 것은?

① 흰자에 산을 넣어 머랭을 만든다.

② 설탕 일부를 머랭에 투입하여 튼튼한 머랭을 만든다.

③ 밀가루와 분당을 넣어 믹싱을 완료한다.

④ 기름칠이 균일하게 된 팬에 넣어 굽는다.

25 완제품 440g인 스펀지케이크 500개를 주문 받았다. 굽기 손실이 12%라면, 준비해야 할 전체 반죽 량은?

① 125kg

② 250kg

③ 300kg

④ 600kg

26 고율배합 케이크와 비교하여 저율배합 케이크의 특징은?

① 믹싱 중 공기 혼입량이 많다.

② 굽는 온도가 높다.

③ 반죽의 비중이 낮다.

④ 화학팽창제 사용량이 적다.

27 다음 중 케이크의 아이싱에 주로 사용되는 것은?

① 마지팬

② 프랄린

③ 글레이즈

④ 휘핑크림

28 무스 크림을 만들 때 가장 많이 이용되는 머랭의 종류는?

① 이탈리안 머랭

② 스위스 머랭

③ 온제 머랭

④ 냉제 머랭

29 공립법, 더운 방법으로 제조하는 스펀지케이크의 배합 방법 중 **틀린** 것은?

① 버터는 배합 전 중탕으로 녹인다.

② 밀가루, 베이킹파우더는 체질하여 준비한다.

③ 달걀은 흰자와 노른자로 분리한다.

④ 거품 올리기의 마지막은 저속으로 믹싱한다.

CBT 체험형 기출문제
제과기능사

•수험번호:
•수험자명:

•제한 시간:
•남은 시간:

글자
크기

100% 150% 200%

화면
배치

•전체 문제 수:
•안 푼 문제 수:

답안 표기란

30	①	②	③	④
31	①	②	③	④
32	①	②	③	④
33	①	②	③	④
34	①	②	③	④
35	①	②	③	④

30 100ppm을 %로 올바르게 나타낸 것은?

① 0.1%

② 0.01%

③ 0.001%

④ 0.0001%

31 일반적으로 시유의 수분 함량은?

① 58%정도

② 65%정도

③ 88%정도

④ 98%정도

32 일반적인 버터의 수분 함량은?

① 18%이하

② 25%이하

③ 30%이하

④ 45%이하

33 다음 중 숙성한 밀가루에 대한 설명으로 틀린 것은?

① 밀가루의 황색색소가 공기 중의 산소에 의해 더욱 진해진다.

② 환원성 물질이 산화되어 반죽의 글루텐 파괴가 줄어든다.

③ 밀가루의 pH가 낮아져 발효가 촉진된다.

④ 글루텐의 질이 개선되고 흡수성을 좋게 한다.

34 우유를 pH4.6으로 유지하였을 때, 응고되는 단백질은?

① 카세인(casein)

② α-락트알부민(lactalbumin)

③ β-락토글로불린(lactoglobulin)

④ 혈청알부민(serum albumin)

35 다음 중 감미가 가장 강한 것은?

① 맥아당

② 설탕

③ 과당

④ 포도당

CBT 체험형 기출문제
제과기능사

・수험번호 :
・수험자명 :

・제한 시간 :
・남은 시간 :

답안 표기란

36	①	②	③	④
37	①	②	③	④
38	①	②	③	④
39	①	②	③	④
40	①	②	③	④
41	①	②	③	④

36 빵/과자 제품의 노화 지연 방법으로 옳은 것은?

① -18℃냉동보관

② 냉장보관

③ 저배합, 고속 믹싱 빵제조

④ 수분 30~60% 유지

37 다음 혼성주 중 오렌지 성분을 원료로 하여 만들지 <u>않는</u> 것은?

① 그랑 마르니에(Grand Marnier)

② 마라스키노(Maraschino)

③ 쿠앵트로(Cointreau)

④ 큐라소(Curacao)

38 카카오버터의 결정이 거칠어지고 설탕의 결정이 석출되어 초콜릿의 조직이 노화하는 현상은?

① 템퍼링(tempering)

② 블룸(bloom)

③ 콘칭(conching)

④ 페이스트(paste)

39 반죽의 신장성과 신장에 대한 저항성을 측정하는 기기는?

① 패리노그래프

② 레오퍼멘토에터

③ 믹서트론

④ 익스텐소그래프

40 반추위 동물의 위액에 존재하는 우유 응유 효소는?

① 펩신

② 트립신

③ 레닌

④ 펩티다아제

41 다음 중 아밀로펙틴의 함량이 가장 많은 것은?

① 옥수수 전분

② 찹쌀 전분

③ 멥쌀 전분

④ 감자 전분

CBT 체험형 기출문제

제과기능사

• 수험번호:
• 수험자명:

• 제한 시간:
• 남은 시간:

글자
크기 ⊖ 100% Ⓜ 150% ⊕ 200%

화면
배치

• 전체 문제 수:
• 안 푼 문제 수:

답안 표기란

42	①	②	③	④
43	①	②	③	④
44	①	②	③	④
45	①	②	③	④
46	①	②	③	④
47	①	②	③	④

42 밀알에서 내배유가 차지하는 구성비와 가장 근접한 것은?

① 14%

② 36%

③ 65%

④ 83%

43 체내에서 단백질의 역할이 아닌 것은?

① 항체 형성

② 체조직의 구성

③ 지용성 비타민 운반

④ 호르몬 형성

44 다음 중 수용성 비타민?

① 비타민 C

② 비타민 A

③ 비타민 D

④ 비타민 K

45 아미노산과 아미노산간의 결합은?

① 글리코사이드 결합

② 펩타이드 결합

③ a-1,4 결합

④ 에스테르 결합

46 건조된 아몬드 100g 탄수화물 16g, 단백질 18g , 지방 54g, 무기질 3g, 수분 6g, 기타성분 등을 함유하고 있다면 이 건조된 아몬드 100g의 열량은?

① 약 200kcal

② 약 364kcal

③ 약 622kcal

④ 약 751kcal

47 나이아신(niacin)의 결핍증으로 대표적인 질병은?

① 야맹증

② 신장병

③ 펠라그라

④ 괴혈병

CBT 체험형 기출문제

제과기능사

· 수험번호 :
· 수험자명 :

· 제한 시간 :
· 남은 시간 :

글자
크기 ⊖ 100% Ⓜ 150% ⊕ 200% 화면
배치 ▭ ▯▯ ▢

· 전체 문제 수 :
· 안 푼 문제 수 :

답안 표기란

48	①	②	③	④
49	①	②	③	④
50	①	②	③	④
51	①	②	③	④
52	①	②	③	④
53	①	②	③	④

48 다음 중 알콜이 주로 흡수되는 곳은?

① 구강
② 식도
③ 위
④ 대장

49 일부 야채류의 어떤 물질이 칼슘의 흡수를 방해하는가?

① 옥살산(oxalic acid)
② 초산(acetic acid)
③ 구연산(citric acid)
④ 말산(malic acid)

50 철분대사에 관한 설명으로 옳은 것은?

① 수용성이기 때문에 체내에 저장되지 않는다.
② 철분은 Fe^{++}보다 Fe^{+++}이 흡수가 잘 된다.
③ 흡수된 철분은 간에서 헤모글로빈을 만든다.
④ 체내에서 사용된 철은 되풀이하여 사용 된다.

51 다음 중 HACCP 적용의 7가지 원칙에 해당하지 않는 것은?

① 위해요소 분석
② HACCP 팀구성
③ 한계기준설정
④ 기록유지 및 문서관리

52 일반 세균이 잘 자라는 pH 범위는?

① 2.0이하
② 2.5~3.5
③ 4.5~5.5
④ 6.5~7.5

53 감자 조리 시 아크릴아마이드를 줄일 수 있는 방법이 아닌 것은?

① 냉장고에 보관하지 않는다.
② 튀기거나 굽기 직전에 감자의 껍질을 벗긴다.
③ 물에 침지 시켰을 때 경우는 건조 후 조리한다.
④ 튀길 때 180℃ 이상의 고온에서 조리한다.

CBT 체험형 기출문제

제과기능사

• 수험번호:
• 수험자명:

• 제한 시간:
• 남은 시간:

글자
크기 100% 150% 200% 화면
배치

• 전체 문제 수:
• 안 푼 문제 수:

답안 표기란

54	①	②	③	④
55	①	②	③	④
56	①	②	③	④
57	①	②	③	④
58	①	②	③	④
59	①	②	③	④

54 살균이 불충분한 육류 통조림으로 인해 식중독이 발생했을 경우, 가장 관련이 깊은 식중독균은?

① 살모넬라균

② 시겔라균

③ 황색 포도상구균

④ 보툴리누스균

55 팥앙금류, 잼, 케첩, 식품 가공품에 사용하는 보존료는?

① 소르빈산

② 데히드로초산

③ 프로피온산

④ 파라옥시 안식향산 부틸

56 다음 중 바이러스에 의한 경구 감염병이 <u>아닌</u> 것은?

① 폴리오

② 유행성 간염

③ 감염성 설사

④ 성홍열

57 다음 중 메주의 독소로 알맞은 것은?

① Gossypol

② Aflatoxin

③ Solanine

④ Ergotoxine

58 소독력이 강한 양이온계면활성제로서 종업원의 손을 소독할 때나 용기 및 기구의 소독제로 알맞은 것은?

① 석탄산

② 과산화수소

③ 역성비누

④ 크레졸

59 다음 중 식품접객업에 해당되지 <u>않은</u> 것은?

① 식품냉동 냉장업

② 유흥주점영업

③ 위탁급식영업

④ 일반음식점영업

글자
크기 100% 150% 200% 화면
배치

· 전체 문제 수:
· 안 푼 문제 수:

60 인수공통 전염병의 예방조치로 바람직하지 않은 것은?

① 우유의 멸균처리를 철저히 한다.

② 이환된 동물의 고기는 익혀서 먹는다.

③ 가축의 예방접종을 한다.

④ 외국으로부터 유입되는 가축은 항구나 공항 등에서 검역을 철저히 한다.

· 수험번호 :
· 수험자명 :

· 제한 시간 :
· 남은 시간 :

글자
크기 100% 150% ⊕ 200% 화면
배치

· 전체 문제 수 :
· 안 푼 문제 수 :

답안 표기란

01	①	②	③	④
02	①	②	③	④
03	①	②	③	④
04	①	②	③	④
05	①	②	③	④
06	①	②	③	④

2회

01 오븐의 생산 능력은 무엇으로 계산하는가?

① 소모되는 전력량

② 오븐의 높이

③ 오븐의 단열 정도

④ 오븐 내 매입 철판 수

02 비중 컵의 물을 담은 무게가 300g이고 반죽을 담은 무게가 260g일 때 비중은?(단, 비중 컵의 무게는 50g이다)

① 0.64

② 0.74

③ 0.84

④ 1.04

03 반죽형 케이크를 구웠더니 너무 가볍고 부서지는 현상이 나타났다. 그 원인이 아닌 것은?

① 반죽에 밀가루 양이 많았다.

② 반죽의 크림화가 지나쳤다.

③ 팽창제 사용량이 많았다.

④ 쇼트닝 사용량이 많았다.

04 다음 중 포장 시에 일반적인 빵, 과자 제품의 냉각 온도로 가장 적합한 것은?

① 22℃

② 32℃

③ 38℃

④ 47℃

05 언더 베이킹(Under baking)**에 대한 설명으로 틀린 것은?**

① 높은 온도에서 짧은 시간 굽는 것이다.

② 중앙부분이 익지 않는 경우가 많다.

③ 제품이 건조되어 바삭바삭하다.

④ 수분이 빠지지 않아 껍질이 쭈글쭈글하다.

06 다음 중 비교적 스크래핑을 가장 많이 해야 하는 제법은?

① 공립법

② 별립법

③ 설탕/물법

④ 크림법

CBT 체험형 기출문제

제과기능사

• 수험번호:
• 수험자명:

• 제한 시간:
• 남은 시간:

글자
크기
100% 150% 200%

화면
배치

• 전체 문제 수:
• 안 푼 문제 수:

답안 표기란				
07	①	②	③	④
08	①	②	③	④
09	①	②	③	④
10	①	②	③	④
11	①	②	③	④
12	①	②	③	④

07 퐁당 아이싱이 끈적거리거나 포장지에 붙는 경향을 감소시키는 방법으로 옳지 **않은** 것은?

① 아이싱을 다소 덥게(40℃)하여 사용한다.

② 아이싱에 최대의 액체를 사용한다.

③ 굳은 것은 설탕시럽을 첨가하거나 데워서 사용한다.

④ 젤라틴, 한천 등과 같은 안정제를 적절하게 사용한다.

08 일반적인 과자반죽의 결과 온도로 가장 알맞은 것은?

① 10~13℃

② 22~24 ℃

③ 26~28℃

④ 32~34 ℃

09 초콜릿 케이크에서 우유 사용량을 구하는 공식은?

① 설탕+30-(코코아×1.5)+전란

② 설탕-30-(코코아×1.5)-전란

③ 설탕+30+(코코아×1.5)-전란

④ 설탕-30+(코코아×1.5)+전란

10 일반적으로 슈 반죽에 사용되지 않는 재료는?

① 밀가루

② 계란

③ 버터

④ 이스트

11 반죽의 희망온도가 27 °C이고, 물 사용량은 10kg, 밀가루의 온도가 20 °C, 실내온도가 26 °C, 수돗물 온도가 18 °C, 결과온도가 30 °C일 때 얼음의 양은 약 얼마인가?

① 0.4kg

② 0.6kg

③ 0.81kg

④ 0.92kg

12 데커레이션 케이크 하나를 완성하는데 한 작업자가 5분이 걸린다고 한다. 작업자 5명이 500개를 만드는 데 몇 시간 몇 분이 걸리는가?

① 약 8시간 15분

② 약 8시간 20분

③ 약 8시간 25분

④ 약 8시간 30분

CBT 체험형 기출문제

제과기능사

· 수험번호:
· 수험자명:

· 제한 시간:
· 남은 시간:

글자
크기
100% 150% 200%

화면
배치

· 전체 문제 수:
· 안 푼 문제 수:

답안 표기란

13	①	②	③	④
14	①	②	③	④
15	①	②	③	④
16	①	②	③	④
17	①	②	③	④
18	①	②	③	④

13 반죽의 비중에 대한 설명으로 맞는 것은?

① 같은 무게의 반죽을 구울 때 비중이 높을수록 부피가 증가한다.

② 비중이 너무 낮으면 조직이 거칠고 큰 기포를 형성한다.

③ 비중의 측정은 비중컵의 중량을 반죽의 중량으로 나눈 값으로 한다.

④ 비중이 높으면 기공이 열리고 가벼운 반죽이 얻어진다.

14 케이크 제품 평가시 외부적 특성이 <u>아닌</u> 것은?

① 부피
② 껍질
③ 균형
④ 방향

15 파이를 만들 때 충전물이 흘러 나왔을 경우 그 원인이 <u>아닌</u> 것은?

① 충전물양이 너무 많다.
② 충전물에 설탕이 부족하다.
③ 껍질에 구멍을 뚫어 놓지 않았다.
④ 오븐 온도가 낮다.

16 쿠키에 사용하는 재료로써 퍼짐에 중요한 영향을 주는 당류는?

① 분당
② 설탕
③ 포도당
④ 물엿

17 아이싱에 사용하여 수분을 흡수하므로, 아이싱이 젖거나 묻어나는 것을 방지하는 흡수제로 적당하지 <u>않은</u> 것은?

① 밀 전분
② 옥수수전분
③ 설탕
④ 타피오카 전분

18 핑커 쿠키 성형방법으로 옳지 <u>않은</u> 것은?

① 원형 깍지를 이용하여 일정한 간격으로 짠다.
② 철판에 기름을 바르고 짠다.
③ 5 ~ 6cm 정도의 길이로 짠다.
④ 짠 뒤에 윗면에 고르게 설탕을 뿌려준다.

CBT 체험형 기출문제

제과기능사

· 수험번호 :
· 수험자명 :

· 제한 시간 :
· 남은 시간 :

글자
크기   100% 150% 200%

화면
배치 ▭ ▯▯ ▢

· 전체 문제 수 :
· 안 푼 문제 수 :

19 밤과자를 성형한 후 물을 뿌려주는 이유가 <u>아닌</u> 것은?

① 덧가루의 제거

② 굽기 후 철판에서 분리용이

③ 껍질색의 균일화

④ 껍질의 터짐 방지

20 다음 중 고온에서 빨리 구워야 하는 제품은?

① 파운드케이크

② 고율배합 제품

③ 저율배합 제품

④ 팬닝량이 많은 제품

21 엔젤 푸드 케이크 반죽의 온도 변화에 따른 설명이 틀린 것은?

① 반죽 온도가 낮으면 제품의 기공이 조밀 하다.

② 반죽 온도가 낮으면 색상이 진하다.

③ 반죽온도가 높으면 기공이 열리고 조직이 거칠어진다.

④ 반죽 온도가 높으면 부피가 작다.

22 데블스 푸드 케이크 제조 시 중조를 8g 사용했을 경우 가스 발생량으로 비교했을 때 베이킹파우더 몇 g과 효과가 같은가?

① 8g

② 16g

③ 24g

④ 32g

23 케이크 제조시 제품의 부피가 크게 팽창했다가 가라앉는 원인이 <u>아닌</u> 것은?

① 물 사용량의 증가

② 밀가루 사용의 부족

③ 분유 사용량의 증가

④ 베이킹 파우더 증가

24 파이를 냉장고에 휴지시키는 이유와 가장 거리가 <u>먼</u> 것은?

① 전 재료의 수화 기회를 준다.

② 유지와 반죽의 굳은 정도를 같게 한다.

③ 반죽을 경화 및 긴장시킨다.

④ 끈적거림을 방지하여 작업성을 좋게 한다.

글자
크기
100% 150% 200%

화면
배치

• 전체 문제 수:
• 안 푼 문제 수:

답안 표기란

25	①	②	③	④
26	①	②	③	④
27	①	②	③	④
28	①	②	③	④
29	①	②	③	④
30	①	②	③	④

25 파운드 케이크 제조시 이중팬을 사용하는 목적이 <u>아닌</u> 것은?

① 제품 바닥의 두꺼운 껍질형성을 방지하기 위하여

② 제품 옆면의 두꺼운 껍질형성을 방지하기 위하여

③ 제품의 조직과 맛을 좋게 하기 위하여

④ 오븐에서의 열전도 효율을 높이기 위하여

26 아이싱에 이용되는 퐁당(fondant)은 설탕의 어떤 성질을 이용하는가?

① 보습성

② 재결정성

③ 용해성

④ 전화당으로 변하는 성질

27 머랭의 최적 pH는?

① 5.5~6.0

② 6.5~7.0

③ 7.5~8.0

④ 8.5~9.0

28 케이크 도넛의 제조방법으로 올바르지 <u>않은</u> 것은?

① 정형기로 찍을 때 반죽손실이 적도록 찍는다.

② 정형 후 곧바로 튀긴다.

③ 덧가루를 얇게 사용한다.

④ 튀긴 후 그물망에 올려놓고 여분의 기름을 배출시킨다.

29 퍼프 페이스트리의 팽창은 주로 무엇에 기인하는가?

① 공기 팽창

② 화학 팽창

③ 증기압 팽창

④ 이스트 팽창

30 다음 중 버터크림 당액 제조시 설탕에 대한 물 사용량으로 알맞은 것은?

① 25%

② 80%

③ 100%

④ 125%

CBT 체험형 기출문제

제과기능사

• 수험번호:
• 수험자명:

• 제한 시간:
• 남은 시간:

글자 크기 100%   150%   200%   화면 배치

• 전체 문제 수:
• 안 푼 문제 수:

답안 표기란

31	①	②	③	④
32	①	②	③	④
33	①	②	③	④
34	①	②	③	④
35	①	②	③	④

31 패리노그래프 커브의 윗부분이 200B.U.에 닿는 시간을 무엇이라고 하는가?

① 반죽시간(peak time)

② 도달시간(arrival time)

③ 반죽형성시간(dough development time)

④ 이탈시간(departure time)

32 다음에서 탄산수소나트륨(중조)이 반응에 의해 발생하는 물질이 <u>아닌</u> 것은?

① CO_2

② H_2O

③ C_2H_5OH

④ Na_2CO3

33 아밀로그래프에 관한 설명 중 <u>틀린</u> 것은?

① 반죽의 신장성 측정

② 맥아의 액화효과 측정

③ 알파 아밀라아제의 활성 측정

④ 보통 제빵용 밀가루는 약 400~600 B.U.

34 다음 중 코팅용 초콜릿이 갖추어야 하는 성질은?

① 융점이 항상 낮은 것

② 융점이 항상 높은 것

③ 융점이 겨울에는 높고, 여름에는 낮은 것

④ 융점이 겨울에는 낮고, 여름에는 높은 것

35 술에 대한 설명으로 <u>틀린</u> 것은?

① 달걀 비린내, 생크림의 비린 맛 등을 완화시켜 풍미를 좋게 한다.

② 양조주란 곡물이나 과실을 원료로 하여 효모로 발효시킨 것이다.

③ 증류주란 발효시킨 양조주를 증류한 것이다.

④ 혼성주란 증류주를 기본으로 하여 정제당을 넣고 과실 등의 추출물로 향미를 낸 것으로 대부분 알코올 농도가 낮다.

CBT 체험형 기출문제

제과기능사

• 수험번호:
• 수험자명:

• 제한 시간:
• 남은 시간:

글자
크기   Q 100%   M 150%   Q 200%   화면
배치   ▭ ▯▯ ▢

• 전체 문제 수:
• 안 푼 문제 수:

답안 표기란

36	①	②	③	④
37	①	②	③	④
38	①	②	③	④
39	①	②	③	④
40	①	②	③	④

36 껍데기를 포함하여 60g인 달걀 1개의 가식부분은 몇 g 정도인가?

① 35g

② 42g

③ 49g

④ 54g

37 우유 중 제품의 껍질색을 개선시켜 주는 성분은?

① 유당

② 칼슘

③ 유지방

④ 광물질

38 마가린의 산화방지제로 주로 많이 이용되는 것은?

① BHA

② SSL

③ EP

④ EDGA

39 밀 단백질 1% 증가에 대한 흡수율 증가는?

① 0~1%

② 1~2%

③ 3~4%

④ 5~6%

40 다음과 같은 조건에서 나타나는 현상과 그와 관련한 물질을 바르게 연결한 것은?

초콜릿의 보관방법이 적절치 않아 공기 중의 수분이 표면에 부착한 뒤 그 수분이 증발해 버려 어떤 물질이 결정형태로 남아 흰색이 나타났다.

① 팻브룸(fat bloom) - 카카오매스

② 팻브룸(fat bloom) - 글리세린

③ 슈가브룸(sugar bloom) - 카카오버터

④ 슈가브룸(sugar bloom) - 설탕

CBT 체험형 기출문제
제과기능사

· 수험번호 :
· 수험자명 :

· 제한 시간 :
· 남은 시간 :

글자
크기 Q 100% M 150% Q 200%

화면
배치

· 전체 문제 수 :
· 안 푼 문제 수 :

답안 표기란

41	①	②	③	④
42	①	②	③	④
43	①	②	③	④
44	①	②	③	④
45	①	②	③	④
46	①	②	③	④

41 물의 경도를 높여주는 작용을 하는 재료는?

① 이스트푸드
② 이스트
③ 설탕
④ 밀가루

42 다음의 크림 중 단백질 함량이 가장 많은 것은?

① 식용크림
② 저지방포말크림
③ 고지방포말크림
④ 포말크림

43 리놀레산 결핍 시 발생할 수 있는 장애가 아닌 것은?

① 성장지연
② 시각 기능 장애
③ 생식장애
④ 호흡장애

44 포도당과 결합하여 젖당을 이루며 뇌신경 등에 존재하는 당류는?

① 과당(fructose)
② 만노오스(mannose)
③ 리보오스(ribose)
④ 갈락토오스(galactose)

45 체내에서 사용한 단백질은 주로 어떤 경로를 통해 배설되는가?

① 호흡
② 소변
③ 대변
④ 피부

46 하루에 섭취하는 총에너지 중 식품이용을 위한 에너지 소모량은 평균얼마인가?

① 10%
② 30%
③ 60%
④ 20%

CBT 체험형 기출문제
제과기능사

• 수험번호:
• 수험자명:

• 제한 시간:
• 남은 시간:

글자
크기 100% 150% 200% 화면
배치

• 전체 문제 수:
• 안 푼 문제 수:

	답안 표기란			
47	①	②	③	④
48	①	②	③	④
49	①	②	③	④
50	①	②	③	④
51	①	②	③	④
52	①	②	③	④

47 콜레스테롤에 대한 설명으로 틀린 것은?

① 식사를 통한 평균흡수율은 100% 이다.

② 유도지질이다.

③ 고리형 구조를 이루고 있다.

④ 간과 장벽, 부신 등 체내에서도 합성된다.

48 다음 중 단백질 분해효소가 아닌 것은?

① 리파아제(Lipase)

② 브로멜린(bromelin)

③ 파파인(papain)

④ 피신(ficin)

49 성인의 에너지적정비율의 연결이 옳은 것은?

① 탄수화물 : 30~55%

② 단백질 : 7~20%

③ 지질 : 5~10%

④ 비타민 : 30~40%

50 유당불내증의 원인은?

① 대사과정 중 비타민 B군의 부족

② 변질된 유당의 섭취

③ 우유 섭취량의 절대적인 부족

④ 소화액 중 락타아제의 결여

51 아래의 쌀과 콩에 대한 설명 중 (   )에 알맞은 것은?

> 쌀에는 라이신(lysine)이 부족하고 콩에는 메티오닌(methionine)이 부족하다. 이것을 쌀과 콩단백질의 (   )이라 한다.

① 제한아미노산

② 필수 아미노산

③ 불필수아미노산

④ 아미노산 불균형

52 다음 중 일반적으로 잠복기가 가장 긴 것은?

① 유행성 간염

② 디프테리아

③ 페스트

④ 세균성 이질

CBT 체험형 기출문제

제과기능사

- 수험번호:
- 수험자명:

- 제한 시간:
- 남은 시간:

글자 크기 ⊖ 100% Ⓜ 150% ⊕ 200%   화면 배치 ▭ ▯▯ ▯

- 전체 문제 수:
- 안 푼 문제 수:

답안 표기란

53	①	②	③	④
54	①	②	③	④
55	①	②	③	④
56	①	②	③	④
57	①	②	③	④
58	①	②	③	④

53 유해성 감미료는?

① 물엿

② 설탕

③ 사이클라메이트

④ 아스파탐

54 밀가루 개량제가 아닌 것은?

① 염소

② 과산화벤조일

③ 염화칼슘

④ 이산화염소

55 산양, 양, 돼지, 소에게 감염되면 유산을 일으키고 주증상은 발열로 고열이 2~3주 주기적으로 일어나는 인축공통전염병은?

① 광우병

② 공수병

③ 파상열

④ 신증후군출혈열

56 초기 부패 시 식품 1g당 일반 세균수는?

① $10^2 \sim 10^3$

② $10^4 \sim 10^5$

③ $10^7 \sim 10^8$

④ $10^5 \sim 10^6$

57 폐디스토마의 제1중간 숙주는?

① 돼지고기

② 쇠고기

③ 참붕어

④ 다슬기

58 위해요소중점관리기준(HAC-CP)을 식품별로 정하여 고시하는 자는?

① 보건복지부장관

② 식품의약품안전청장

③ 시장, 군수, 또는 구청장

④ 환경부장관

글자
크기 100% 150% 200%

화면
배치

• 전체 문제 수:
• 안 푼 문제 수:

59 조리사의 면허를 받으려는 자는 조리사 면허증 발급 신청서를 누구에게 제출하여야 하는가?

① 고용노동부 장관

② 보건복지부 장관

③ 식품의약품안전처장

④ 특별자치도지사, 시장, 군수

60 HACCP 구성 요소 중 일반적인 위생 관리 운영 기준, 영업자 관리, 종업원 관리, 보관 및 운성 관리, 검사 관리, 회수 관리 등의 운영 절차는?

① HACCP PLAN

② SSOP

③ GMP

④ HACCP

CBT 체험형 기출문제

제과기능사

· 수험번호 :
· 수험자명 :

· 제한 시간 :
· 남은 시간 :

글자
크기 100% 150% 200% 화면
배치

· 전체 문제 수 :
· 안 푼 문제 수 :

3회

01 다음 케이크 중 계란 노른자를 사용하지 <u>않는</u> 것은?

① 파운드 케이크

② 화이트 레이어 케이크

③ 데블스 푸드 케이크

④ 소프트 롤 케이크

02 겨울철 굳어버린 버터 크림의 되기를 조절하기에 알맞은 것은?

① 분당

② 초콜릿

③ 식용유

④ 캐러멜 색소

03 거품형 케이크(foam-type cake)를 만들 때 녹인 버터는 언제 넣은 것이 가장 좋은가?

① 처음부터 다른 재료와 함께 넣는다.

② 밀가루와 섞어 넣는다.

③ 설탕과 섞어 넣는다.

④ 반죽의 최종단계에 넣는다.

04 반죽에 레몬즙이나 식초를 첨가하여 굽기를 하였을 때 나타나는 현상은?

① 조직이 치밀하다.

② 껍질색이 진하다.

③ 향이 짙어진다.

④ 부피가 증가한다.

05 과자반죽 믹싱법 중에서 크림법은 어떤 재료를 먼저 믹싱하는 방법인가?

① 설탕과 쇼트닝

② 밀가루와 설탕

③ 계란과 설탕

④ 계란과 쇼트닝

06 아이싱(icing)이란 설탕 제품이 주요 재료인 피복물로 빵/과자 제품을 덮거나 피복하는 것을 말한다. 다음 중 크림아이싱(creamed icing)이 <u>아닌</u> 것은?

① 퍼지아이싱(fudge icing)

② 퐁당아이싱(fondant icing)

③ 단순아이싱(flat icing)

④ 마시멜로아이싱(marshmallow icing)

CBT 체험형 기출문제

제과기능사

• 수험번호:
• 수험자명:

• 제한 시간:
• 남은 시간:

글자
크기
100% 150% 200%

화면
배치

• 전체 문제 수:
• 안 푼 문제 수:

답안 표기란

07	①	②	③	④
08	①	②	③	④
09	①	②	③	④
10	①	②	③	④
11	①	②	③	④
12	①	②	③	④

07 다음 중 화학적 팽창 제품이 아닌 것은?

① 과일케이크
② 팬케이크
③ 파운드케이크
④ 시퐁케이크

08 옐로 레이어 케이크에서 쇼트닝과 계란의 사용량 관계를 바르게 나타낸 것은?

① 쇼트닝×0.7=계란
② 쇼트닝×0.9=계란
③ 쇼트닝×1.1=계란
④ 쇼트닝×1.3=계란

09 사과파이 껍질의 결의 크기는 어떻게 조절하는가?

① 쇼트닝의 입자크기로 조절한다.
② 쇼트닝의 양으로 조절한다.
③ 접기수로 조절한다.
④ 밀가루 양으로 조절한다.

10 다음 중 쿠키의 과도한 퍼짐 원인이 아닌 것은?

① 반죽의 되기가 너무 묽을 때
② 유지함량이 적을 때
③ 설탕 사용량이 많을 때
④ 굽는 온도가 너무 낮을 때

11 도넛과 케이크의 글레이즈 (glaze) 사용 온도로 가장 적합한 것은?

① 23℃
② 34℃
③ 49℃
④ 68℃

12 어떤 과자반죽의 비중을 측정하기 위하여 다음과 같이 무게를 달았다면 이반죽의 비중은? (단, 비중컵=50g, 비중컵+물=250g, 비중컵+반죽=170g)

① 0.40
② 0.60
③ 0.68
④ 1.47

CBT 체험형 기출문제
제과기능사

• 수험번호:
• 수험자명:

• 제한 시간:
• 남은 시간:

글자
크기 ⊖ 100% Ⓜ 150% ⊕ 200%   화면
배치 ▭ ▯▯ ▯

• 전체 문제 수:
• 안 푼 문제 수:

답안 표기란
13	①	②	③	④
14	①	②	③	④
15	①	②	③	④
16	①	②	③	④
17	①	②	③	④

13 어느 제과점의 이번 달 생산 예상 총액이 1000만원인 경우, 목표 노동 생산성은 5000원/시/인, 생산 가동 일수가 20일, 1일 작업시간 10시간인 경우 소요인원은?

① 4명

② 6명

③ 8명

④ 10명

14 머랭 제조에 대한 설명으로 옳은 것은?

① 기름기나 노른자가 없어야 튼튼한 거품이 나온다.

② 일반적으로 흰자 100에 대하여 설탕 50의 비율로 만든다.

③ 저속으로 거품을 올린다.

④ 설탕을 믹싱 초기에 첨가하여야 부피가 커진다.

15 퍼프 페이스트리의 휴지가 종료되었을 때 손으로 살짝 누르게 되면 다음 중 어떤 현상이 나타나는가?

① 누른 자국이 남아 있다.

② 누른 자국이 원상태로 올라온다.

③ 누른 자국이 유동성 있게 움직인다.

④ 내부의 유지가 흘러나온다.

16 파운드 케이크를 패닝할 때 밑면의 껍질 형성을 방지하기 위한 팬으로 가장 적합한 것은?

① 일반팬   ② 이중팬

③ 은박팬   ④ 종이팬

17 같은 크기의 팬에 각 제품의 비용적에 맞는 반죽을 패닝 하였을 경우 반죽량이 가장 무거운 반죽은?

① 파운드 케이크

② 레이어 케이크

③ 스펀지 케이크

④ 소프트 롤 케이크

답안 표기란

18	①	②	③	④
19	①	②	③	④
20	①	②	③	④
21	①	②	③	④
22	①	②	③	④
23	①	②	③	④

18 실내온도 25℃, 밀가루 온도 25℃, 설탕온도 25℃, 유지온도 20℃, 달걀온도 20℃, 수돗물온도 23℃, 마찰계수 21, 반죽 희망온도가 22℃라면 사용할 물의 온도는?

① -4℃

② -1℃

③ 0℃

④ 8℃

19 스펀지케이크를 만들 때 설탕이 적게 들어감으로 해서 생길 수 있는 현상은?

① 오븐에서 제품이 주저앉는다.

② 제품의 껍질이 두껍다.

③ 제품의 껍질이 갈라진다.

④ 제품의 부피가 증가한다.

20 케이크 반죽의 pH가 적정 범위를 벗어나 알칼리일 경우 제품에서 나타나는 현상은?

① 부피가 작다.

② 향이 약하다.

③ 껍질색이 여리다.

④ 기공이 거칠다.

21 당분이 있는 슈 껍질을 구울 때의 현상이 아닌 것은?

① 껍질의 팽창이 좋아진다.

② 상부가 둥글게 된다.

③ 내부에 구멍형성이 좋지 않다.

④ 표면에 균열이 생기지 않는다.

22 케이크 반죽을 혼합할 때 반죽의 온도가 최적범위 이상이나 이하로 설정될 경우에 나타나는 현상이 아닌 것은?

① 쇼트닝의 크리밍성이 감소한다.

② 공기의 혼합능력이 떨어진다.

③ 팽창속도가 변화한다.

④ 케이크의 체적이 증가한다.

23 에클레어는 어떤 종류의 반죽으로 만드는가?

① 스펀지 반죽

② 슈 반죽

③ 비스킷 반죽

④ 파이 반죽

CBT 체험형 기출문제

제과기능사

• 수험번호:
• 수험자명:

• 제한 시간:
• 남은 시간:

글자
크기 100% 150% 200% 화면 배치 ☐ ☐ ☐

• 전체 문제 수:
• 안 푼 문제 수:

답안 표기란

24	①	②	③	④
25	①	②	③	④
26	①	②	③	④
27	①	②	③	④
28	①	②	③	④

24 모카 아이싱(Mocha icing)의 특징을 결정하는 재료는?

① 커피
② 코코아
③ 초콜릿
④ 분당

25 찜(수증기)을 이용하여 만들어진 제품이 <u>아닌</u> 것은?

① 소프트 롤
② 찜 케이크
③ 중화 만두
④ 호빵

26 다음 제품 중 패닝 할 때 제품의 간격을 가장 충분히 유지하여야 하는 제품은?

① 슈
② 오믈렛
③ 애플파이
④ 쇼트브레드쿠키

27 다음 재료들을 동일한 크기의 그릇에 측정하여 중량이 가장 높은 것은?

① 우유
② 분유
③ 쇼트닝
④ 분당

28 도넛에 묻힌 설탕이 녹는 현상(발한)을 감소시키기 위한 조치로 틀린 것은?

① 도넛에 묻히는 설탕의 양을 증가시킨다.
② 충분히 냉각시킨다.
③ 냉각 중 환기를 많이 시킨다.
④ 가급적 짧은 시간 동안 튀긴다.

• 수험번호 :
• 수험자명 :

• 제한 시간 :
• 남은 시간 :

글자
크기
100% 150% 200%

화면
배치

• 전체 문제 수 :
• 안 푼 문제 수 :

답안 표기란

29	①	②	③	④
30	①	②	③	④
31	①	②	③	④
32	①	②	③	④
33	①	②	③	④

29 아이스크림 제조에서 오버런 (Overrun)이란?

① 교반에 의해 크림의 체적이 몇 % 증가 하는가를 나타내는 수치

② 생크림 안에 들어 있는 유지방이 응집해서 완전히 액체로부터 분리 된 것

③ 살균 등의 가열 조작에 의해 불안 정하게된 유지의 결정을 적온으로 해서 안정화시킨 숙성 조작

④ 생유 안에 들어 있는 큰 지방구를 미세하게 해서 안정화하는 공정

30 포장에 대한 설명 중 틀린 것 은?

① 포장은 제품의 노화를 지연시킨다.

② 뜨거울 때 포장하여 냉각손실을 줄인다.

③ 미생물에 오염되지 않은 환경에서 포장한다.

④ 온도, 충격 등에 대한 품질변화에 주의한다.

31 제빵 시 경수를 사용할 때 조 치사항이 아닌 것은?

① 이스트 사용량 증가

② 맥아 첨가

③ 이스트푸드양 감소

④ 급수량 감소

32 식품향료에 관한 설명 중 틀 린 것은?

① 수용성향료(essence)는 내열성이 약하다.

② 유성향료(essential oil)는 내열성 이 강하다.

③ 유화향료(emulsified flavor)는 내 열성이 좋지 않다.

④ 분말향료(powdered flavor)는 향 료의 휘발 및 변질을 방지하기 쉽 다.

33 초콜릿 제품을 생산하는데 필 요한 도구는?

① 디핑 포크 (Dipping forks)

② 오븐 (oven)

③ 파이 롤러 (pie roller)

④ 워터 스프레이 (water spray)

글자
크기 ⊖ 100% Ⓜ 150% ⊕ 200%   화면
배치

• 전체 문제 수:
• 안 푼 문제 수:

답안 표기란

34	①	②	③	④
35	①	②	③	④
36	①	②	③	④
37	①	②	③	④
38	①	②	③	④

34 튀김기름의 품질을 저하시키는 요인이 <u>아닌</u> 것은?

① 온도

② 수분

③ 공기

④ 항산화제

35 초콜릿의 맛을 크게 좌우하는 가장 중요한 요인은?

① 카카오버터

② 카카오단백질

③ 코팅기술

④ 코코아껍질

36 전분을 덱스트린(dextrin)으로 변화시키는 효소는?

① β-아밀라아제(amylase)

② α-아밀라아제(amylase)

③ 말타아제(maltase)

④ 찌마아제(zymase)

37 효소를 구성하고 있는 주성분은?

① 탄수화물

② 지방

③ 단백질

④ 비타민

38 전분을 효소나 산에 의해 가수분해시켜 얻은 포도당액을 효소나 알칼리 처리로 포도당과 과당으로 만들어 놓은 당의 명칭은?

① 전화당

② 맥아당

③ 이성화당

④ 전분당

CBT 체험형 기출문제

제과기능사

• 수험번호:
• 수험자명:

• 제한 시간:
• 남은 시간:

글자
크기 100% 150% ⊕ 200%   화면
배치

• 전체 문제 수:
• 안 푼 문제 수:

답안 표기란

39	①	②	③	④
40	①	②	③	④
41	①	②	③	④
42	①	②	③	④
43	①	②	③	④

39 다음의 초콜릿 성분이 설명하는 것은?

• 글리세린 1개에 지방산 3개가 결합한 구조이다.
• 실온에서는 단단한 상태이지만, 입안에 넣는 순간 녹게 만든다.
• 고체로부터 액체로 변하는 온도 범위(가소성)가 겨우 2~3℃로 매우 좁다.

① 카카오매스
② 카카오기름
③ 카카오버터
④ 코코아파우더

40 다음 중 밀가루에 함유되어 있지 않은 색소는?

① 카로틴
② 멜라닌
③ 크산토필
④ 플라본

41 분유의 용해도에 영향을 주는 요소로 볼 수 없는 것은?

① 건조 방법
② 저장기간
③ 원유의 신선도
④ 단백질 함량

42 아밀로덱스트린(amylodextrin)의 요오드 반응의 색깔은?

① 청남색
② 적갈색
③ 황색
④ 무색

43 20대 한 남성의 하루 열량 섭취량을 2500 kcal 로 했을 때 가장 이상적인 1일 지방 섭취량은?

① 약 10-40g
② 약 40-70g
③ 약 70-100g
④ 약 100-130g

CBT 체험형 기출문제

제과기능사

· 수험번호:
· 수험자명:

· 제한 시간:
· 남은 시간:

글자
크기
100% 150% 200%

화면
배치

· 전체 문제 수:
· 안 푼 문제 수:

답안 표기란

44	①	②	③	④
45	①	②	③	④
46	①	②	③	④
47	①	②	③	④
48	①	②	③	④
49	①	②	③	④

44 지방의 기능이 아닌 것은?

① 지용성 비타민의 흡수를 돕는다.

② 외부의 충격으로부터 장기를 보호한다.

③ 높은 열량을 제공한다.

④ 변의 크기를 증대시켜 장관 내 체류시간을 단축시킨다.

45 지방의 연소와 합성이 이루어지는 장기는?

① 췌장

② 간

③ 위장

④ 소장

46 어떤 분유 100g의 질소함량이 4g이라면 분유 100g은 약 몇 g의 단백질을 함유하고 있는가?(단, 단백질 중 질소함량은 16%)

① 5g

② 15g

③ 25g

④ 35g

47 인체의 수분 소요량에 영향을 주는 요인과 가장 거리가 먼 것은?

① 기온

② 신장의 기능

③ 활동력

④ 염분의 섭취량

48 새우, 게 등의 겉껍질을 구성하는 chitin의 주된 단위성분은?

① 갈락토사민(galactosamine)

② 글루코사민(glucosamine)

③ 글루쿠로닉산(glucuronic acid)

④ 갈락투로닉산(galacturonic acid)

49 단백질의 소화, 흡수에 대한 설명으로 틀린 것은?

① 단백질은 위에서 소화되기 시작한다.

② 펩신은 육류 속 단백질일부를 폴리펩티드로 만든다.

③ 십이지장에서 췌장에서 분비된 트립신에 의해 더 작게 분해된다.

④ 소장에서 단백질이 완전히 분해되지는 않는다.

글자
크기 100% 150% 200% 화면 배치   • 전체 문제 수:
• 안 푼 문제 수:

답안 표기란				
50	①	②	③	④
51	①	②	③	④
52	①	②	③	④
53	①	②	③	④
54	①	②	③	④
55	①	②	③	④

50 혈당의 저하와 가장 관계가 깊은 것은?

① 인슐린
② 리파아제
③ 프로테아제
④ 펩신

51 다음 식품 중 단백질 함량이 가장 많은 것은?

① 대두
② 쇠고기
③ 계란
④ 우유

52 어떤 첨가물의 LD50의 값이 적다는 것은 무엇을 의미하는가?

① 독성이 크다.
② 독성이 적다.
③ 저장성이 적다.
④ 안전성이 크다.

53 경구전염병이 <u>아닌</u> 것은?

① 맥각 중독
② 이질
③ 콜레라
④ 장티푸스

54 어패류의 생식과 관계 깊은 식중독 세균은?

① 프로테우스균
② 장염 비브리오균
③ 살모넬라균
④ 바실러스균

55 대장균에 대하여 가장 바르게 설명한 것은?

① 분변 세균의 오염 지표가 된다.
② 전염병을 일으킨다.
③ 독소형 식중독을 일으킨다.
④ 발효식품 제조에 유용한 세균이다.

CBT 체험형 기출문제

제과기능사

• 수험번호:
• 수험자명:

• 제한 시간:
• 남은 시간:

글자
크기 100% 150%  200% 화면 배치

• 전체 문제 수:
• 안 푼 문제 수:

56 식품의 처리, 가공, 저장 과정에서의 오염에 대한 설명으로 바르지 <u>못한</u> 것은?

① 종업원의 철저한 위생 관리만으로 2차 오염을 방지할 수 있다.

② 양질의 원료와 용수로 1차 오염을 방지할 수 있다.

③ 농산물의 재배, 축산물의 성장 과정 중에 1차 오염이 있을 수 있다.

④ 수확, 채취 어획, 도살 등의 처리과정에서 2차 오염이 있을 수 있다.

57 병원성 대장균 식중독의 가장 적당한 예방책은?

① 위생동물의 구제를 철저히 한다.

② 어류의 내장을 제거하고 충분히 세척한다.

③ 어패류는 민물로 깨끗이 씻는다.

④ 건강보균자나 환자의 분변오염을 방지한다.

58 표면장력을 변화시켜 빵과 과자의 부피와 조직을 개선하고 노화를 지연시키기 위해 사용하는 것은?

① 감미료

② 산화방지제

③ 팽창제

④ 계면활성제

59 식품과 부패에 관여하는 주요 미생물의 연결이 옳지 <u>않은</u> 것은?

① 곡류 - 곰팡이

② 육류 - 세균

③ 어패류 - 곰팡이

④ 통조림 - 포자형성세균

60 인축공통전염병인 것은?

① 탄저병

② 콜레라

③ 이질

④ 장티푸스

MEMO

PART 2
:제과기능사 해설&정답

제과기능사

글자
크기 100% 150% 200% 화면
배치

• 전체 문제 수 :
• 안 푼 문제 수 :

제1회 정답

01 ③	02 ②	03 ③	04 ②	05 ③
06 ①	07 ④	08 ①	09 ③	10 ①
11 ④	12 ①	13 ④	14 ④	15 ④
16 ②	17 ①	18 ①	19 ③	20 ③
21 ④	22 ④	23 ①	24 ④	25 ②
26 ②	27 ④	28 ①	29 ③	30 ②
31 ③	32 ①	33 ③	34 ①	35 ③
36 ①	37 ②	38 ②	39 ④	40 ③
41 ④	42 ④	43 ③	44 ①	45 ②
46 ③	47 ④	48 ③	49 ①	50 ④
51 ②	52 ④	53 ④	54 ④	55 ①
56 ④	57 ②	58 ③	59 ①	60 ②

01

답 ③

해 처음엔 저속으로 계란을 풀고, 설탕을 녹여준다. 그다음엔 중속과 고속으로 공기를 포집하고, 마무리 단계에는 저속으로 기포 안정화 작업을 한다.

02

답 ②

해 구운 후 철판에서 꺼내지 않고 냉각을 시키면 수분에 의해 제품이 수축하게 된다.

03

답 ③

해 밀어 펴기를 많이 하면 글루텐이 생성되어 파이 껍질이 질기고 단단하게 만들어 진다.

04

답 ②

해 엔젤 푸드 케이크는 주석산 크림을 넣어 흰자의 알칼리성을 중화하여 튼튼한 제품을 만든다.

05

답 ③

해 사용할 물 온도 =
(희망온도 × 6) − (실내 온도 + 밀가루 온도 + 설탕 온도 + 달걀 온도 + 유지온도 + 마찰계수)
= (25 × 6) −
(30 + 24 + 20 + 24 + 20 + 22)
= 10℃

06

답 ①

해 커스터드 푸딩은 95%를 채워 넣고 160~170℃ 오븐에서 중탕으로 굽기를 한다.

07

답 ④

해 반죽 온도가 높을 경우에는 기공이 열리고, 조직이 거칠어져서 노화가 빠르다. 반죽 온도가 낮을 경우에는 기공이 조밀하고, 부피가 작아져 식감이 나빠진다.

08

답 ①

해 슈는 물 분무 또는 물침지를 한다.

09

답 ③

해 젤리 롤 케이크는 거품형 반죽으로 비중은 0.45~0.55 이다.

10

답 ①

해 쿠키에서 설탕의 비율이 높으면 반죽이 딱딱해진다.

11

답 ④

해 더취 코코아는 천연 코코아를 인공적으로 알칼리 처리를 한 것으로 원두와는 관련이 없다.

12

답 ①

해 소프트 롤 케이크는 별립법으로 거품형에 해당하며, 스펀지 케이크 배합도 거품형에 해당한다.

13

답 ④

해 달걀 흰자와 설탕을 믹싱하여 머랭으로 만든 대표적인 쿠키는 마카롱이 있으며, 이 외에도 다쿠와즈가 있다.

14

답 ④

해 나가사끼 카스테라 굽기 과정 중 휘젓기를 한 후 뚜껑을 덮는다. 휘젓기를 하는 이유는 반죽 온도의 균일함, 껍질 표면의 매끄러움, 내상의 균일함을 위해서이다.

CBT 체험형 기출문제
제과기능사

• 수험번호 :
• 수험자명 :

• 제한 시간 :
• 남은 시간 :

글자
크기 ⊖ 100% Ⓜ 150% ⊕ 200%   화면 배치

• 전체 문제 수 :
• 안 푼 문제 수 :

MEMO

15

답 ④

해 초콜릿 속 코코아 함량은 5/8 이다.
즉, 초콜릿 함량을 x라고 하였을 때,
$x \times 5/8 = 20$ 이므로, 초콜릿 함량은 32%이다.

16

답 ②

해 튀김기름의 품질을 저하시키는 요인에는 온도(열), 물(수분), 공기(산소), 이물질(금속)이 있다.
토코페롤은 항산화제 이다.

17

답 ①

해 너무 높은 온도는 표피를 터트린다.

18

답 ①

해 푸딩의 가열을 너무 오래 할 경우 표면에 기포 자국이 많이 생긴다.

19

답 ③

해 나가사끼 카스테라는 나무틀을 사용 하여 굽기를 한다.

20

답 ③

해 파운드 케이크 터진 부분에 설탕을 섞은 노른자를 칠함으로써 색상과 광택제 효과를 내어주고, 맛과 보존기간을 개선한다.

21

답 ④

해 스파이럴믹서는 제빵용 믹서에 적합 하다.

22

답 ④

해 해면성 구조는 거품형 케이크에 대한 설명이다.

23

답 ①

해 성형한 반죽을 장기간 보관하려면 냉동하는 것이 좋다.

CBT 체험형 기출문제
제과기능사

• 수험번호 :
• 수험자명 :

• 제한 시간 :
• 남은 시간 :

글자
크기
100% 150% 200%

화면
배치

• 전체 문제 수 :
• 안 푼 문제 수 :

24

답 ④

해 엔젤 푸드 케이크의 이형제는 물이다. 기름을 이형제로 사용 할 경우, 표면의 색상이 짙어지고, 튀긴 듯이 딱딱하게 나온다.

25

답 ②

해 440g × 500개 = 220,000g
220,000 ÷ (1 − 0.12) = 250,000g
250,000g = 250kg

26

답 ②

해 저율배합 케이크는 믹싱 중 공기 포집이 적으며, 반죽의 비중이 높다. 그러므로 화학 팽창제 사용량이 많다. 굽기 온도는 높다.

27

답 ④

해 휘핑크림은 우유의 지방이나 식물성 지방을 거품 내어 크림화 한 것으로, 유지방이 40% 이상인 크림이 거품 내기에 알맞다. 서늘한 곳에서 중속으로 거품을 올리는 것이 좋으며, 냉장고에서 보관한다.

28

답 ①

해 무스 크림은 굽지 않고 냉각시켜 먹는 제품으로 이탈리안 머랭은 114∼118℃의 설탕시럽을 부어 만들기 때문에, 흰자 살균 효과가 있다. 따라서 굽지 않은 무스 크림에는 이탈리안 머랭이 적합하다.

29

답 ③

해 흰자와 노른자로 분리하는 방법은 별립법이다.

30

답 ②

해 ppm의 단위는 1/1,000,000 이므로 100/1,000,000 × 100 = 0.01% 이다.

31

답 ③

해 시유란, 시중에 판매하는 우유를 말하며, 수분 함량은 88%, 고형분 함량은 12%이다.

CBT 체험형 기출문제

제과기능사

· 수험번호 :
· 수험자명 :

· 제한 시간 :
· 남은 시간 :

글자
크기   100%   150%   200%

화면
배치

· 전체 문제 수 :
· 안 푼 문제 수 :

MEMO

32

답 ①

해 버터의 수분함량은 16%이다.

33

답 ①

해 산화에 의해 색상이 진해지지 않는다.

34

답 ①

해 신선한 우유의 pH는 6.6이며, 산이나 효소에 의해 응고되는 단백질은 카세인이다.

35

답 ③

해 과당의 감미도는 175로 가장 높다.

36

답 ①

해 노화를 지연시키는 방법에는 냉동 저장(- 18℃), 유화제 사용, 밀봉, 양질의 재료 사용, 고율배합, 당류첨가 등이 있다.

37

답 ②

해 마라스키노는 체리 성분을 원료로 만든 술이다.

38

답 ②

해 블룸현상에는 두 가지가 있으며, 지방 블룸(Fat bloom)은 버터가 원인, 직사광선에 노출된 곳이나 온도가 높은 곳에서 보관하였을 경우, 지방이 분리되었다가 다시 굳으면서 얼룩지는 현상이다.
설탕 블룸(Sugar bloom)은 설탕이 원인, 습도가 높은 장소에서 오랫동안 방치되었을 때, 공기 중의 수분이 표면에 부착한 뒤 그 수분이 증발해 버려 어떤 물질이 결정형태로 남아 흰색이 나타난다.

39

답 ④

해 익스텐소그래프란 반죽의 신장성과 신장에 대한 저항성을 측정하는 기기이다.

CBT 체험형 기출문제
제과기능사

• 수험번호 :
• 수험자명 :

• 제한 시간 :
• 남은 시간 :

글자
크기 100% 150% 200%　화면
배치

• 전체 문제 수 :
• 안 푼 문제 수 :

MEMO

40
답 ③

해 ① 펩신 : 위액에 존재하는 단백
질 분해효소
② 트립신 : 췌액에 존재하는 단
백질 분해효소
④ 펩티다아제 : 펩티드를 분해하
여 아미노산으로 전환시키는
효소

41
답 ②

해 아밀로펙틴은 찹쌀과 찰옥수수
에 함량이 가장 많다. 1번의 보기
에는 찰옥수수가 아닌 옥수수 전
분으로만 되어 있으므로, 정답이
될 수 없다.

42
답 ④

해 밀가루의 차지 비율은 내배유
(80~85%), 껍질(14%), 배아
(2~3%) 이다.

43
답 ③

해 지용성 비타민의 운반은 지방의
기능이다.

44
답 ①

해 수용성 비타민에는 비타민 B_1,
비타민 B_2, 비타민 B_3, 비타민 B_6,
비타민 B_9, 비타민 B_{12}, 비타민 C,
비타민 P가 있다.

45
답 ②

해 아미노산과 아미노산의 결합을
펩타이드 결합이라고 한다.

46
답 ③

해 열량영양소인 탄수화물, 단백질,
지방만 열량을 계산한다. 탄수화
물은 1g당 4kcal를 내므로
16g × 4kcal = 64kcal,
단백질은 1g당 4kcal를 내므로
18g × 4kcal = 72kcal, 지방은
1g당 9kcal를 내므로
54g × 9kcal = 486kcal이다.
총 합하면
64 + 72 + 486 = 622kcal이다.
따라서 아몬드 100g의 열량은
622kcal이다.

CBT 체험형 기출문제

제과기능사

· 수험번호:
· 수험자명:

· 제한 시간:
· 남은 시간:

글자
크기 100% 150% 200%

화면
배치

· 전체 문제 수:
· 안 푼 문제 수:

47
답 ③
해 비타민B₃(나이아신)의 기능은 당질, 지질, 단백질 대사의 중요한 역할을 하며 결핍증으로는 펠라그라가 있다. 펠라그라가 발생하면 피부염, 설사, 정신이상의 소견을 보일 수 있고 심하면 사망에 이른다.

48
답 ③
해 알코올은 주로 위로 흡수된다.

49
답 ①
해 옥살산은 파슬리에 가장 함량이 많으며 칼슘의 흡수를 방해한다. 옥살산 외에도 시금치에는 수산이 들어 있어 칼슘 흡수를 방해한다.

50
답 ④
해 철은 헤모글로빈을 생성하고 산소를 운반하며 적혈구를 형성한다. 적혈구가 소멸하면 적혈구 안에 있던 철분이 골수로 회수되었다가 새로 생성되는 적혈구에서 다시 사용된다.
철분 결핍 시 빈혈이 나타나며, 급원 식품으로는 달걀, 육류, 우유, 치즈 등이 있다.

51
답 ②
해 HACCP 7원칙 설정 및 구성 요소
(1) 원칙 1 : 위해 요소 분석과 위해 평가
(2) 원칙 2 : CCP(중요 관리점) 결정
(3) 원칙 3 : CCP에 대한 한계 기준 설정
(4) 원칙 4 : CCP 모니터링 방법 설정
(5) 원칙 5 : 개선 조치 설정
(6) 원칙 6 : 검증 방법 수립
(7) 원칙 7 : 기록 유지 및 문서 유지

CBT 체험형 기출문제
제과기능사

• 수험번호:
• 수험자명:

• 제한 시간:
• 남은 시간:

글자
크기 ⊖ 100% Ⓜ 150% ⊕ 200%   화면
배치 ▭▭ ▯▯▯ ▭

• 전체 문제 수:
• 안 푼 문제 수:

52

답 ④

해 효모 및 곰팡이는 pH4~6 일 때, 활발하며 세균은 pH6.5~7.5 일 때 활발하다.

53

답 ④

해 탄수화물이 많이 든 감자를 고온에서 가열하거나 튀길 때 아크릴아마이드라는 발암성 물질이 생성된다.

54

답 ④

해 완전 가열 살균되지 않은 통조림, 어패류, 소시지, 햄 등은 신경독인 뉴로톡신을 갖고 있는 보툴리누스균에 의해 식중독을 일으킨다.

55

답 ①

해 소르빈산은 팥앙금류, 잼, 케첩, 고추장, 어육 연제품 등 식품 가공품에 사용하는 보존료이다.

56

답 ④

해 성홍열은 세균성 감염병이다.

57

답 ②

해 이 문제는 보기가 영어로만 나온다.
아플라톡신은 쌀에 곰팡이가 침입하여 독소생성 및 누렇게 변하는 현상으로 메주의 노란곰팡이는 아플라톡신이다.

58

답 ③

해 역성비누는 원액을 200~400배 희석하여 종업원의 손소독 및 식기세척에 사용한다.

59

답 ①

해 휴게 음식점, 일반 음식점, 단란 주점, 유흥 주점, 위탁 급식, 제과점 영업이 식품 접객업에 속한다.

글자
크기 ⊖ 100% Ⓜ 150% ⊕ 200%

화면
배치

· 전체 문제 수 :
· 안 푼 문제 수 :

MEMO

60

답 ②

해 이환되었다는 것은 병에 걸렸다
는 뜻으로 병에 걸린 고기는 익
혀서도 먹으면 안된다.

제2회 정답				
01 ④	02 ③	03 ①	04 ③	05 ③
06 ④	07 ②	08 ②	09 ③	10 ④
11 ④	12 ②	13 ②	14 ④	15 ②
16 ②	17 ③	18 ②	19 ②	20 ③
21 ④	22 ③	23 ③	24 ③	25 ④
26 ②	27 ①	28 ②	29 ③	30 ①
31 ②	32 ③	33 ①	34 ④	35 ④
36 ④	37 ①	38 ①	39 ②	40 ④
41 ①	42 ④	43 ④	44 ④	45 ②
46 ①	47 ①	48 ①	49 ②	50 ④
51 ①	52 ①	53 ③	54 ③	55 ③
56 ③	57 ④	58 ②	59 ④	60 ②

01

답 ④

해 오븐의 제품 생산 능력은 오븐
내 매입 철판 수로 계산한다.

글자
크기   100%   150%   200%

화면
배치

• 전체 문제 수 :
• 안 푼 문제 수 :

MEMO

02

답 ③

해 비중을 구하는 공식

$$= \frac{같은부피의 \, (순수) \, 반죽무게}{같은부피의 \, (순수) \, 물무게}$$

즉, 반죽무게÷물무게 이다.
문제에서 컵 무게부터 빼면
260 - 50 = 210으로 반죽의 무게
이고,
300 - 50 = 250으로 물의 무게이
다.
210 ÷ 250 = 0.84로 비중은 0.84
이다.

03

답 ①

해 반죽에 밀가루 양이 많으면 구조
가 튼튼해져 무겁고 부서지지 않
는다.

04

답 ③

해 포장하기 가장 알맞은 온도는
35~40℃이며, 수분함량은 38%
이다.

05

답 ③

해 언더베이킹은 높은 온도에서 단
시간에 구워 설익고 중심부분이
갈라지고 수분이 많아 주저앉기
쉽다.

06

답 ④

해 스크래핑이란 벽면을 긁어주는
작업인데, 스크래핑을 가장 많이
해야 하는 제법은 크림법이다.

07

답 ②

해 아이싱에 최소의 액체를 사용한
다.

08

답 ②

해 일반적인 과자반죽의 온도는
22~ 24 ℃이다.

CBT 체험형 기출문제
제과기능사

· 수험번호:
· 수험자명:

· 제한 시간:
· 남은 시간:

글자
크기 🔍 100% Ⓜ 150% ⊕ 200% 화면
배치

· 전체 문제 수:
· 안 푼 문제 수:

09

답 ③

해 초콜릿 케이크의 우유 사용량 공식
= 설탕 + 30 + (코코아 × 1.5)
– 전란

10

답 ④

해 이스트는 제빵에 사용 된다.

11

답 ④

해 얼음 사용량

$$\frac{물사용량 \times (수돗물온도 - 사용수온도)}{80 + 수돗물온도}$$

$$= \frac{10 \times (18 - x)}{80 + 18}$$

이며, 사용수온도를 구해야 한다.

사용수 온도 = (희망반죽 × 3) – (밀가루온도 + 실내온도 + 마찰계수)

= (27 × 3) – (20 + 26 + x)이며 마찰계수를 구한다.

마찰계수 = (결과반죽 × 3) – (밀가루온도 + 실내온도 + 수돗물온도) =

(30 × 3) – (20 + 26 + 18) = 26

따라서 마찰계수는 26, 사용수 온도에 대입하여 사용수 온도를 구하면

= (27 × 3) – (20 + 26 + 26) = 9,
사용수 온도는 9

마지막으로 얼음 사용량 공식에 9를 대입하면

$$= \frac{10 \times (18 - 9)}{80 + 18} = \frac{90}{98} = 0.9183$$

올림하여 0.92kg 이 된다.

CBT 체험형 기출문제

제과기능사

· 수험번호:
· 수험자명:

· 제한 시간:
· 남은 시간:

글자
크기 100% 150% 200% 화면
배치

· 전체 문제 수:
· 안 푼 문제 수:

12

답 ②

해 5명의 소요시간 = 500개 ÷ 5명 ×
5분 ÷ 60분 = 8.3333
0.3333 × 60초 = 19.998(약 20분)
따라서 약 8시간 20분

13

답 ②

해 비중이란, 반죽 속에 들어 있는
공기의 함량으로써, 공기가 얼마
나 들어있으며, 얼마나 부풀 것
인지를 측정하는 것을 비중측정
이라고 한다. 케이크 반죽의 혼
합 완료 정도는 비중으로 알 수
있다.
비중을 구하는 공식
$$= \frac{같은 부피의 (순수) 반죽무게}{같은 부피의 (순수) 물무게}$$
즉, 반죽무게 ÷ 물무게 이다.

14

답 ④

해 방향은 내부 평가에 속한다.

15

답 ②

해 충전물에 설탕양이 많을 경우 충
전물이 흘러 넘친다.

16

답 ②

해 설탕의 입자크기에 따라 쿠키의
퍼짐이 결정 된다.

17

답 ③

해 아이싱의 끈적거림을 방지하기
위해서는 젤라틴이나 식물 껌 안
정제를 사용하거나 전분이나 밀
가루같은 흡수제를 사용한다.

18

답 ②

해 핑거 쿠키는 거품형 쿠키에 해당
하며 유산지나 테프론 시트지 위
에서 일정한 간격으로 짜야 한
다.

19

답 ②

해 물을 많이 뿌리면 굽기 후 철판
에 붙어서 분리하기가 어렵다.

CBT 체험형 기출문제
제과기능사

・수험번호:
・수험자명:

・제한 시간:
・남은 시간:

글자
크기
100%　150%　200%

화면
배치

・전체 문제 수:
・안 푼 문제 수:

20

답 ③

해 고온에서 빨리 굽는 방법을 언더 베이킹 이라고 하며, 저율배합에 해당된다.

21

답 ④

해 반죽 온도가 낮으면 부피가 작다.

22

답 ③

해 중조는 베이킹파우더의 3배이다. 따라서 8×3＝24g 이다.

23

답 ③

해 분유는 단백질로 이루어져 구조 작용을 하며, 부피를 가능한 크게 유지하려고 한다.

24

답 ③

해 파이를 냉장 휴지 시키는 이유는 전 재료의 수화를 돕고, 유지와 반죽의 굳은 정도를 같게 하고, 끈적거림을 방지하여 정형을 용이하게 하는데 있다.

25

답 ④

해 이중팬을 사용하는 이유는 열을 차단하기 위해서 이다. 무거운 반죽이 좁고 깊은 틀에 담겨있기 때문에, 속까지 익히기가 어렵다. 겉은 타고 속은 덜 익는 경우를 막기 위해, 윗색이 나면 이중팬을 덮어 열을 차단하여 속까지 천천히 익히기를 한다.

26

답 ②

해 퐁당(fondant)은 설탕에 물을 넣고 114~118℃로 끓인 뒤 다시 유백색 상태로 재결정화 시킨 것으로 40℃ 전후로 식혀서 사용한다.

CBT 체험형 기출문제

제과기능사

· 수험번호 :
· 수험자명 :

· 제한 시간 :
· 남은 시간 :

글자
크기 🔍 100% Ⓜ 150% 🔍 200%   화면
배치 ▭ ▯▯ ▯

· 전체 문제 수 :
· 안 푼 문제 수 :

MEMO

27

답 ①

해 머랭(Meringue)은 달걀 흰자와 설탕으로 거품 내어 만든 제품으로 최적 pH는 5.5~6.0이다.

28

답 ②

해 정형 후, 제품 모양의 균형을 잡아주고 팽창을 돕기 위해 튀기기 전 실온에서 약 10분간 휴지한다.

29

답 ③

해 퍼프 페이스트리는 유지의 수분을 이용한 증기압 팽창이다.

30

답 ①

해 버터크림은 유지를 크림상태로 만든 뒤 설탕(100), 물(25~30), 물엿, 주석산크림 등을 114~118℃로 끓여서 식힌 시럽을 조금씩 넣으면서 저어서 제조한다.

31

답 ②

해 패리노 그래프는 밀가루의 흡수율, 믹싱 시간, 믹싱 내구성을 측정하며, 곡선이 500B.U에 도달하는 시간을 측정한다. 밀가루의 등급이 낮을수록 흡수율은 증가하나 반죽시간과 안정도는 감소한다.

32

답 ③

해 탄산수소나트륨은 반응에 의해 탄산나트륨이 된다.
$2NaHCO_3$(탄산수소나트륨)
$\rightarrow CO_2$(이산화탄소)
$+ H_2O$(물) $+ Na_2CO_3$(탄산나트륨)

33

답 ①

해 반죽의 신장성을 측정하는 그래프는 익스텐소그래프(Extensograph)이다.

34

답 ④

해 융점(녹는점)이 겨울에는 낮아야 쉽게 굳지 않고, 여름에는 높아야 쉽게 녹지 않는다.

CBT 체험형 기출문제
제과기능사

• 수험번호 :
• 수험자명 :

• 제한 시간 :
• 남은 시간 :

글자
크기 100%   150%   200%

화면
배치

• 전체 문제 수 :
• 안 푼 문제 수 :

MEMO

35

답 ④

해 혼성주란 양조주나 증류주에 식물의 꽃, 잎, 뿌리, 과일, 껍질을 담가 식물의 향과 맛, 색깔을 침출시키고 다시 당, 색소를 가하여 만든 술로 알코올 함량 및 고형분 함량이 모두 높고 리큐르가 속하며, 매실주도 혼성주의 일종이다.

36

답 ④

해 달걀은 껍데기 10%, 흰자 60%, 노른자 30%로 구성되어 있으며, 60g에 껍데기 10%를 제외하면 60g × 0.9 = 54g이 된다.
즉, 먹을 수 있는 부위는 54g이다.

37

답 ①

해 우유 속의 탄수화물인 유당은 우유의 껍질색을 개선시켜 준다.

38

답 ①

해 산화방지제로는 BHT, BHA, 비타민E(토코페롤), 프로필갈레이트 등이 있다.

39

답 ②

해 밀가루 단백질 1% 증가 시, 수분 흡수율은 1.5~2% 증가하며, 박력분보다 강력분이 흡수율이 높다.

40

답 ④

해 1) 지방 블룸(Fat bloom) : 버터가 원인, 직사광선에 노출된 곳이나 온도가 높은 곳에서 보관하였을 경우, 지방이 분리되었다가 다시 굳으면서 얼룩지는 현상
2) 설탕 블룸(Sugar bloom) : 설탕이 원인, 습도가 높은 장소에서 오랫동안 방치되었을 때, 공기 중의 수분이 표면에 부착한 뒤 그 수분이 증발해 버려 어떤 물질이 결정형태로 남아 흰색이 나타남

CBT 체험형 기출문제

제과기능사

• 수험번호:
• 수험자명:

• 제한 시간:
• 남은 시간:

글자 크기 100% 150% 200%   화면 배치

• 전체 문제 수:
• 안 푼 문제 수:

MEMO

41

답 ①

해 이스트푸드의 주 기능은 산화제, 반죽 조절제, 물 조절제이며, 제2의 기능이 이스트의 영양인 질소를 공급하는 것이다.

42

답 ④

해 휘핑 크림이라고도 한다. 유지방이 30~36%인 저지방 포말크림과 유지방이 36% 이상인 진한 휘핑크림이 있으며, 5~10℃의 낮은 온도에서 강한 교반으로 미세한 기포를 생성시킨 포말크림 속의 기포는 세포모양이며, 지방구 주위에 흡착된 단백질은 고체화된 상태로 변성되어 있기 때문에 포말상태를 오래 유지하게 된다.

43

답 ④

해 리놀레산 결핍 시 성장지연, 시각 기능 장애, 생식장애가 있다.

44

답 ④

해 갈락토오스는 포유동물 젖에서만 존재하며 포도당과 결합하여 유당을 구성한다.

45

답 ②

해 위 속에 있는 효소 펩신은 단백질 분자를 큰 폴리펩티드로 분해시키고, 췌액에 존재하는 효소 트립신은 아미노산으로 분해되어 흡수 되지만, 일부분은 분해되지 않은 채 소변으로 배설된다.

46

답 ①

해 식품 이용을 위한 에너지 소모량은 식품의 소화, 흡수, 대사, 이동, 저장을 위해 필요한 에너지로서 10%를 차지한다.

47

답 ①

해 소화 흡수율은 95%이다.

CBT 체험형 기출문제
제과기능사

· 수험번호:
· 수험자명:
· 제한 시간:
· 남은 시간:

48
답 ①
해 리파아제는 지방 분해 효소이다.

49
답 ②
해 ① 탄수화물 : 55~70%
③ 지질 : 15~20%
④ 비타민 : 에너지를 내는 영양소가 아니므로, %가 아닌 400mg이다.

50
답 ④
해 유당불내증이란 체내에 유당을 분해하는 효소로 락타아제가 결여되어 우유 중 유당을 소화하지 못하는 증상으로 복부경련 및 설사, 메스꺼움을 동반한다. 유당 불내증이 있는 사람에게는 우유나 크림소스 보다는 발효 된 요구르트가 더 좋다.

51
답 ①
해 필수 아미노산 중 상대적으로 요구량에 비해 함량이 적어 결핍되기 쉬운 아미노산들을 뜻한다. 제일 많이 결핍되기 쉬운 아미노산을 제1 제한아미노산, 두 번째로 결핍되는 아미노산을 제2 제한아미노산이라 한다. 제1 제한아미노산에는 라이신과 트립토판이 있으며, 제2 제한아미노산에는 트레오닌이 있다.

52
답 ①
해 바이러스에 의한 감염병으로 유행성 간염이 잠복기가 가장 길다.

53
답 ③
해 사용 금지된 유해 감미료에는 사이클라메이트, 둘신이 있으며 허용감미료에는 사카린나트륨, 아스파탐, 스테비오시드가 있다.

CBT 체험형 기출문제
제과기능사

• 수험번호:
• 수험자명:

• 제한 시간:
• 남은 시간:

글자
크기 100% Ⓜ 150% ⊕ 200% 화면
배치 □ □ □

• 전체 문제 수:
• 안 푼 문제 수:

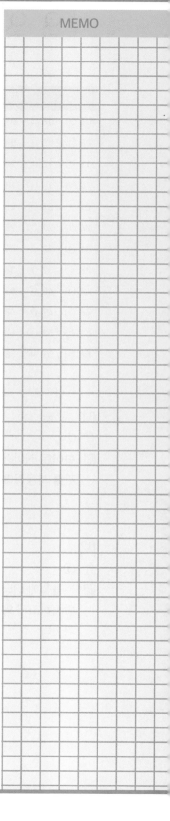

MEMO

54
답 ③

해 밀가루 개량제는 제분된 밀가루의 표백과 숙성에 이용되는 첨가물로 종류에는 브롬산칼륨, 과산화벤조일, 이산화염소, 과황산암모늄이 있다.

55
답 ③

해 브루셀라증이라고도 하며, 소에게는 유산, 사람에게는 열성질환을 일으킨다.

56
답 ③

해 일반적으로 식품 1g 중 생균수가 약 $10^7 \sim 10^8$일 때, 초기부패로 판정한다.

57
답 ④

해 폐 디스토마 : 제 1중간 숙주(다슬기)→제 2중간 숙주(민물 게, 가재)

58
답 ②

해 식품의약품안전청장은 위해요소중점관리기준(HACCP)을 식품별로 정하여 고시한다.

59
답 ④

해 조리사가 되려는 자는 국가기술자격법에 따라 해당 분야의 자격증을 얻은 후 특별자치도지사, 시장, 군수, 구청장의 면허를 받고 발급 신청서 또한 제출한다.

60
답 ②

해 SSOP(표준 위생 관리 기준)란 일반적인 위생 관리 운영 기준, 영업자 관리, 종업원 관리, 보관 및 운송 관리, 검사 관리, 회소 관리 등의 운영 절차를 말한다.

CBT 체험형 기출문제

제과기능사

· 수험번호:
· 수험자명:

· 제한 시간:
· 남은 시간:

글자
크기 🔍 100% Ⓜ 150% 🔍 200%

화면
배치

· 전체 문제 수:
· 안 푼 문제 수:

MEMO

제3회 정답				
01 ②	02 ③	03 ④	04 ①	05 ①
06 ③	07 ④	08 ③	09 ①	10 ②
11 ③	12 ②	13 ④	14 ①	15 ①
16 ②	17 ①	18 ①	19 ③	20 ④
21 ①	22 ④	23 ②	24 ①	25 ①
26 ①	27 ①	28 ④	29 ①	30 ②
31 ④	32 ③	33 ①	34 ④	35 ①
36 ②	37 ③	38 ③	39 ③	40 ②
41 ④	42 ①	43 ②	44 ④	45 ①
46 ③	47 ②	48 ②	49 ④	50 ①
51 ①	52 ①	53 ①	54 ②	55 ①
56 ①	57 ④	58 ④	59 ③	60 ①

01

답 ②

해 화이트 레이어 케이크는 계란 흰
자를 사용하여 반죽한다.

02

답 ③

해 겨울철에 버터 크림이 굳는 것을
방지하고자 액체인 식용유를 첨
가한다.

03

답 ④

해 녹인 버터는 반죽의 최종 단계에
넣어 최대한 반죽의 기포가 꺼지
지 않도록 한다.

04

답 ①

해 레몬즙이나 식초는 산 성분으로
조직이 단단해지고, 껍질색이 밝
아지며, 부피가 작고, 향이 약하
다. 부피가 작으므로 조직이 치
밀할 수 밖에 없다.

05

답 ①

해 크림법은 유지에 설탕을 먼저 넣
고 믹싱하는 방법이다.

06

답 ③

해 단순 아이싱은 기본 재료(분당,
물, 물엿, 향료)를 섞고 43℃로 데
워 되직한 페이스트 상태로 만드
는 것이다.

CBT 체험형 기출문제
제과기능사

• 수험번호 :
• 수험자명 :

• 제한 시간 :
• 남은 시간 :

글자
크기   100% 150% 200%

화면
배치

• 전체 문제 수 :
• 안 푼 문제 수 :

MEMO

07

답 ④

해 시퐁케이크는 물리적+화학적에
의한 팽창이다.

08

답 ③

해 옐로 레이어 케이크의 배합률 :
달걀(전란) = 쇼트닝 × 1.1

09

답 ①

해 유지의 입자크기에 따라 파이 결
의 길이가 결정된다.

10

답 ②

해 쿠키의 과도한 퍼짐에 영향을 주
는 요인
1) 알칼리성 반죽
2) 묽은 반죽
3) 부족한 믹싱
4) 낮은 오븐 온도
5) 입자가 크거나 많은 양의 설
탕 사용

11

답 ③

해 글레이즈(Glaze) : 과자류 표면에
광택을 내거나 표면이 마르지 않
도록 하기위한 것으로, 글레이즈
의 품온 으로는 49℃가 적당함

12

답 ②

해 비중을 구하는 공식

$$= \frac{같은부피의\,(순수)\,반죽무게}{같은부피의\,(순수)\,물무게}$$

즉, 반죽무게 ÷ 물무게 이다.
문제에서 컵 무게부터 빼면
250 - 50 = 200으로 반죽의 무게
이고,
170 - 50 = 120으로 물의 무게이
다.
120 ÷ 200 = 0.6으로 비중은 0.6이
다.

CBT 체험형 기출문제
제과기능사

· 수험번호 :
· 수험자명 :

· 제한 시간 :
· 남은 시간 :

글자
크기

화면
배치

· 전체 문제 수 :
· 안 푼 문제 수 :

13

답 ④

해 **한 달 생산 예상 총액** : 1000만 원
인당 시급 : 5000원
인당 생산 시간 : 10시간
가동 일수 : 20일
시간당 5000원을 받고 10시간일
하고 20일 일했으므로
5000(원)×10(시간)×20(일)
= 1,000,000
한달 예상 총액이 천만 원이고,
1인당 백만 원이므로, 최대 소요
인원은 10명이다.

14

답 ①

해 ② 일반적으로 흰자 100에 대하
여 설탕 200의 비율로 만든
다.
③ 고속으로 거품을 올린다.
④ 설탕을 나누어 투입하여 믹싱
하여야 부피가 커진다.

15

답 ①

해 퍼프 페이스트리의 휴지가 종료
되었을 때 손으로 살짝 누르면
누른 자국이 남아 있다.

16

답 ②

해 파운드케이크의 열을 차단하기
위하여 이중팬을 사용한다.

17

답 ①

해 파운드 케이크는 반죽형 케이크
로 비중이 0.85정도 이며 무겁다.

18

답 ①

해 사용할 물 온도 =
(희망온도×6) - (실내 온도 +
밀가루 온도 + 설탕 온도 + 달걀
온도 + 유지온도 + 마찰계수)
= (22×6) -
(25 + 25 + 25 + 20 + 20 + 21)
= -4℃

19

답 ③

해 스펀지케이크의 설탕량은 기본
배합률 166%로 많은 양의 액체
를 필요로 하며, 부푸는 역할을
한다. 또한 껍질 색을 내어주는
설탕이 적음으로써 껍질이 두텁
게 형성되지 못해 껍질이 갈라진
다.

CBT 체험형 기출문제

제과기능사

•수험번호:
•수험자명:

•제한 시간:
•남은 시간:

글자
크기
100% 150% 200%

화면
배치

•전체 문제 수:
•안 푼 문제 수:

20

답 ④

해 알칼리 특징
1) 속색 어두움
2) 묽음
3) 많은 향
4) 큰 부피
부피가 커지기 때문에 기공은 거칠다.

21

답 ①

해 당은 껍질 색을 빨리 내어 큰 팽창은 기대하기 어렵다.

22

답 ④

해 표준 반죽 온도를 맞추지 못할 경우 케이크의 체적이 증가하기는 어렵다.

23

답 ②

해 에클레어는 불어로 번개라는 뜻이며, 슈 반죽을 이용하여 만든다.

24

답 ①

해 모카란 에스프레소에 초콜릿 향을 첨가한 커피를 뜻한다.

25

답 ①

해 소프트 롤은 별립법으로 만들어서 구워 말기를 한 제품이다.

26

답 ①

해 슈는 제품의 간격을 충분하게 유지를 해야만 팽창을 잘 할 수 있다.

27

답 ①

해 우유가 중량이 가장 높다.

28

답 ④

해 발한 현상은 수분에 의해 도넛에 묻은 설탕이나 글레이즈가 녹는 현상을 말한다. 도넛의 튀기는 시간을 증가 시켜 조치해야 한다.

CBT 체험형 기출문제

제과기능사

· 수험번호:
· 수험자명:

· 제한 시간:
· 남은 시간:

글자
크기 ⊖ 100% Ⓜ 150% ⊕ 200%   화면 배치

· 전체 문제 수:
· 안 푼 문제 수:

29

답 ①

해 오버런(Overrun)이란 아이스크림 제조 시 교반에 의해 크림의 체적이 몇 % 증가하는가를 나타내는 수치이다.

30

답 ②

해 뜨거울 때 포장하면 포장지 안쪽에 수분이 응축되고 제품은 눅눅해진다.

31

답 ④

해 경수로 제빵 반죽을 할 경우 반죽이 단단해지고 발효가 지연되므로 사용 시, 조치사항이 필요하다.
1) 물 증가
2) 이스트 증가
3) 소금 감소
4) 맥아 첨가

32

답 ③

해 유화향료는 유성향료와 같은 원료로 내열성이 좋다.

33

답 ①

해 초콜릿 제품을 생산하는데 필요한 도구는 디핑 포크(Dipping forks)이다.

34

답 ④

해 튀김기름의 품질을 저하시키는 요인에는 온도(열), 물(수분), 공기(산소), 이물질(금속)이 있다.

35

답 ①

해 카카오 버터는 카카오 매스에서 분리 된 지방으로서, 초콜릿의 풍미를 결정하는 가장 중요한 원료이며, 비터 초콜릿 속 카카오 버터의 함량은 3/8이다.

36

답 ②

해 전분은 알파아밀라아제라는 액화효소에 의해 덱스트린으로 분해가 되며, 덱스트린은 베타아밀라아제라는 당화효소에 의해 말타아제로 분해가 된다.

CBT 체험형 기출문제
제과기능사

• 수험번호 :
• 수험자명 :

• 제한 시간 :
• 남은 시간 :

글자
크기   ⊕
100% 150% 200%

화면
배치

• 전체 문제 수 :
• 안 푼 문제 수 :

37

답 ③

해 효소의 주성분은 단백질이다.

38

답 ③

해 ① 전화당 : 설탕을 가수분해 하면 포도당과 과당으로 각각 1분자 씩 분해되는데 이 현상을 전화라 하며, 이 때 생기는 포도당과 과당의 혼합물을 전화당이라고 한다.
② 맥아당 : 발아한 보리, 엿기름 속에 존재한다.
③ 이성화당 : 전분을 효소나 산에 의해 가수분해시켜 얻은 포도당액을 효소나 알칼리 처리로 포도당과 과당으로 만들어 놓은 당이다.
④ 전분당 : 전분을 가수분해 하여 얻는 당을 가리키며, 포도당, 물엿, 이성화당 등이 있다.

39

답 ③

해 카카오버터는 카카오 매스에서 분리 된 지방으로서, 초콜릿의 풍미를 결정하는 가장 중요한 원료이다. 비터 초콜릿 속 카카오버터의 함량은 3/8이다.

40

답 ②

해 밀가루에 함유되어 있는 색소는 카로틴, 크산토필, 플라본이 있으며 멜라닌은 페놀화합물의 산화중합에 의하여 생성되는 흑갈색의 색소이다.

41

답 ④

해 분유의 단백질 함량은 용해도에 영향을 주지 않는다.

42

답 ①

해 아밀로덱스트린이란 가용성 전분보다 가수분해가 더욱 진행된 상태로 요오드 반응은 청남색을 띈다.

CBT 체험형 기출문제

제과기능사

· 수험번호 :
· 수험자명 :

· 제한 시간 :
· 남은 시간 :

글자
크기 100% 150% 200% 화면
배치

· 전체 문제 수 :
· 안 푼 문제 수 :

43

답 ②

구분	탄수화물	단백질	지방
1일 섭취 권장량 (%)	55~70	7~20	15~20

2500kcal × 0.2(20%) = 500kcal
보기에는 kcal가 아닌 g 이므로 지방은 1g당 9kcal를 내기 때문에 500kcal ÷ 9kcal = 55g 이다.

44

답 ④

해 지방의 기능으로는 에너지 공급, 지용성 비타민의 흡수 촉진, 내장 기관 보호, 필수 지방산 공급, 체온 유지가 있다.

45

답 ②

해 지방의 연소와 합성이 이루어지는 장기는 간이다.

46

답 ③

해 일반 식품은 질소를 정량하여 단백계수 6.25를 곱한 것을 단백질 함량으로 본다.
그러므로 4g × 6.25 = 25g 이다.

47

답 ②

해 수분 소요량과 신장의 기능과는 관련이 없다.

48

답 ②

해 새우, 게 등의 겉껍질을 구성하는 chitin의 주된 단위성분은 글루코사민이다.

49

답 ④

해 단백질은 위와 소장에서 위액의 펩신, 이자액의 트립신, 소장의 펩티다아제에 의해 아미노산으로 최종 분해된다.

50

답 ①

해 인슐린은 혈당을 조절하는 호르몬이다.

51

답 ①

해 대두는 수분 함유량이 적기 때문에 상대적으로 다른 식품보다 단백질 함량이 많다.

글자
크기
100% 150% 200%

화면
배치

• 전체 문제 수:
• 안 푼 문제 수:

MEMO

52
답 ①
해 LD50 측정이란 독성 정도를 측정하는 반수치사량, 값이 적을수록 독성이 크다를 의미한다.

53
답 ①
해 경구 감염병에는 장티푸스, 콜레라, 세균성 이질등 이있다. 맥각중독은 곰팡이독의 일종으로 전염성이 없다.

54
답 ②
해 장염 비브리오균은 해수 세균의 일종으로 식염농도 3%에서 잘 생육하며, 어패류를 생식할 경우 중독될 수 있는 균이다.

55
답 ①
해 분변 오염 지표균에는 대장균군, 대장균, 장구균 등이 있다.

56
답 ①
해 종업원의 위생관리는 1차 오염을 방지한다.

57
답 ④
해 병원성 대장균은 분변 오염의 지표이다.

58
답 ④
해 계면활성제는 유화제라고도 하며, 유화작용 및 노화 지연 효과가 있다.

59
답 ③
해 어패류는 세균에 의해 부패된다.

60
답 ①
해 사람과 척수동물 사이에서 동일한 병원체로 발병하는 질병이나 감염 상태를 인축공통감염병이라 하며, 종류에는 탄저, 결핵, 브루셀라증, 돈단독, 살모넬라 등이 있다.

PART 3
:제빵기능사 문제

CBT 체험형 기출문제
제빵기능사

• 수험번호:
• 수험자명:

• 제한 시간:
• 남은 시간:

글자
크기   화면
배치

• 전체 문제 수:
• 안 푼 문제 수:

1회

01 스펀지법에서 스펀지 반죽의 가장 적합한 반죽 온도는?

① 13~15 ℃

② 18~20 ℃

③ 23~25 ℃

④ 30~32 ℃

02 제빵 시 팬오일로 유지를 사용할 때 다음 중 무엇이 높은 것을 선택하는 것이 좋은가?

① 가소성

② 크림성

③ 발연점

④ 비등점

03 같은 조건의 반죽에 설탕, 포도당, 과당을 같은 농도로 첨가했다고 가정할 때 마이야르 반응속도를 촉진시키는 순서대로 나열된 것은?

① 설탕 > 포도당 > 과당

② 과당 > 설탕 > 포도당

③ 과당 > 포도당 > 설탕

④ 포도당 > 과당 > 설탕

04 1차 발효 중에 펀치를 하는 이유는?

① 반죽의 온도를 높이기 위해

② 이스트를 활성화시키기 위해

③ 효소를 불활성화시키기 위해

④ 탄산가스 축적을 증가시키기 위해

05 비상스트레이법 반죽의 가장 적합한 온도는?

① 15℃

② 20℃

③ 30℃

④ 40℃

06 다음 중 빵 포장재의 특성으로 적합하지 <u>않은</u> 성질은?

① 위생성

② 보호성

③ 작업성

④ 단열성

• 수험번호:
• 수험자명:

• 제한 시간:
• 남은 시간:

글자
크기 100% 150% 200%

화면
배치

• 전체 문제 수:
• 안 푼 문제 수:

답안 표기란

07	①	②	③	④
08	①	②	③	④
09	①	②	③	④
10	①	②	③	④
11	①	②	③	④
12	①	②	③	④

07 2차 발효가 과다할 때 일어나는 현상이 **아닌** 것은?

① 옆면이 터진다.

② 색상이 여리다.

③ 신 냄새가 난다.

④ 오븐에서 주저앉기 쉽다.

08 다음 중 냉동, 냉장, 해동, 2차 발효를 프로그래밍에 의해 자동적으로 조절하는 기계는?

① 스파이럴 믹서

② 도우 컨디셔너

③ 로타리 래크오븐

④ 모레르식 락크 발효실

09 굽기 손실에 영향을 주는 요인으로 관계가 가장 적은 것은?

① 믹싱시간

② 배합률

③ 제품의 크기와 모양

④ 굽기온도

10 굽기의 실패 원인 중 **빵의 부피가 작고 껍질색이 짙으며, 껍질이 부스러지고 옆면이 약해지기 쉬운** 결과가 생기는 원인은?

① 높은 오븐열

② 불충분한 오븐열

③ 너무 많은 증기

④ 불충분한 열의 분배

11 빵의 부피가 너무 작은 경우 어떻게 조치하면 좋은가?

① 발효시간을 증가시킨다.

② 1차 발효를 감소시킨다.

③ 분할무게를 감소시킨다.

④ 팬 기름칠을 넉넉하게 증가시킨다.

12 밀가루 50g에서 젖은 글루텐을 15g 얻었다. 이 밀가루의 조단백질 함량은?

① 6%

② 12%

③ 18%

④ 24%

CBT 체험형 기출문제

제빵기능사

• 수험번호:
• 수험자명:

• 제한 시간:
• 남은 시간:

글자 크기 ⊖ 100% Ⓜ 150% ⊕ 200%   화면 배치

• 전체 문제 수:
• 안 푼 문제 수:

답안 표기란

13	①	②	③	④
14	①	②	③	④
15	①	②	③	④
16	①	②	③	④
17	①	②	③	④
18	①	②	③	④

13 다음 중 연속식 제빵법의 특징이 아닌 것은?

① 발효손실 감소

② 설비감소, 설비공간, 설비면적 감소

③ 노동력 감소

④ 일시적 기계구입 비용의 경감

14 제빵 시 적절한 2차 발효점은 완제품 용적의 몇 %가 가장 적당한가?

① 40~45%

② 50~55%

③ 70~80%

④ 90~95%

15 오븐에서 구운 빵을 냉각할 때 평균 몇 %의 수분 손실이 추가적으로 발생하는가?

① 2%

② 4%

③ 6%

④ 8%

16 빵을 구웠을 때 갈변이 되는 것은 어떤 반응에 의한 것인가?

① 비타민 C의 산화에 의하여

② 효모에 의한 갈색반응에 의하여

③ 마이야르(maillard) 반응과 캐러멜화 반응이 동시에 일어나서

④ 클로로필(chlorophyll)이 열에 의해 변성되어서

17 굽기 과정 중 당류의 캐러멜화가 개시되는 온도로 가장 적합한 것은?

① 100℃

② 120℃

③ 150℃

④ 185℃

18 반죽제조 단계 중 렛다운(Let Down) 상태까지 믹싱하는 제품으로 적당한 것은?

① 옥수수식빵, 밤식빵

② 크림빵, 앙금빵

③ 바게트, 프랑스빵

④ 잉글리시 머핀, 햄버거빵

CBT 체험형 기출문제
제빵기능사

• 수험번호:
• 수험자명:

• 제한 시간:
• 남은 시간:

글자
크기 100% 150% 200%
화면
배치

• 전체 문제 수:
• 안 푼 문제 수:

답안 표기란

19	①	②	③	④
20	①	②	③	④
21	①	②	③	④
22	①	②	③	④
23	①	②	③	④
24	①	②	③	④

19 수돗물 온도 18℃, 사용할 물 온도 9℃, 사용 물 양 10kg일 때 얼음 사용량은 얼마인가?

① 0.81kg

② 0.92kg

③ 1.11kg

④ 1.21kg

20 빵 제품의 모서리가 예리하게 된 것은 다음 중 어떤 반죽에서 오는 결과인가?

① 발효가 지나친 반죽

② 과다하게 이형유를 사용한 반죽

③ 어린 반죽

④ 2차 발효가 지나친 반죽

21 건포도 식빵, 옥수수식빵, 야채식빵을 만들 때 건포도, 옥수수, 야채는 믹싱의 어느 단계에 넣는 것이 좋은가?

① 최종 단계 후

② 클린업 단계 후

③ 발전 단계 후

④ 렛 다운 단계 후

22 식빵 반죽을 분할할 때 처음에 분할한 반죽과 나중에 분할한 반죽은 숙성도의 차이가 크므로 단시간 내에 분할해야 한다. 몇 분 이내로 완료하는 것이 가장 좋은가?

① 2~7분

② 8~13분

③ 15~20분

④ 25~30분

23 다음의 재료 중 많이 사용할 때 반죽의 흡수량이 감소되는 것은?

① 활성 글루텐

② 손상전분

③ 유화제

④ 설탕

24 제빵 시 성형(make-up)의 범위에 들어가지 않는 것은?

① 둥글리기

② 분할

③ 성형

④ 2차 발효

CBT 체험형 기출문제
제빵기능사

· 수험번호 :
· 수험자명 :

· 제한 시간 :
· 남은 시간 :

글자
크기 100% 150% 200%   화면
배치

· 전체 문제 수 :
· 안 푼 문제 수 :

답안 표기란

25	①	②	③	④
26	①	②	③	④
27	①	②	③	④
28	①	②	③	④
29	①	②	③	④
30	①	②	③	④

25 모닝빵을 1000개 만드는데 한 사람이 3시간 걸렸다. 1500개 만드는데 30분 내에 끝내려면 몇 사람이 작업해야 하는가?

① 2명
② 3명
③ 9명
④ 15명

26 중간 발효에 대한 설명으로 틀린 것은?

① 글루텐 구조를 재정돈한다.
② 가스발생으로 반죽의 유연성을 회복한다.
③ 오버 헤드 프루프(over head proot)라고 한다.
④ 탄력성과 신장성에는 나쁜 영향을 미친다.

27 냉동 페이스트리를 구운 후 옆면이 주저앉는 원인으로 틀린 것은?

① 토핑물이 많은 경우
② 잘 구어지지 않은 경우
③ 2차 발효가 과다한 경우
④ 해동온도가 2~5℃로 낮은 경우

28 같은 밀가루로 식빵 불란서빵을 만들 경우, 식빵의 가수율이 63%였다면 불란서빵의 가수율을 얼마나 하는 것이 가장 좋은가?

① 61%
② 63%
③ 65%
④ 67%

29 냉각 손실에 대한 설명 중 틀린 것은?

① 식히는 동안 수분 증발로 무게가 감소한다.
② 여름철보다 겨울철이 냉각 손실이 크다.
③ 상대 습도가 높으면 냉각 손실이 작다.
④ 냉각 손실은 5% 정도가 적당하다.

30 다음 중 빵 반죽의 발효에 속하는 것은?

	온도	습도
①	27~29℃	90~100%
②	38~40℃	90~100%
③	38~40℃	80~90%
④	27~29℃	80~90%

CBT 체험형 기출문제
제빵기능사

• 수험번호:
• 수험자명:

• 제한 시간:
• 남은 시간:

글자
크기　🔍 100%　Ⓜ 150%　➕ 200%　화면
배치　▱ ▯▯ ▢

• 전체 문제 수:
• 안 푼 문제 수:

답안 표기란

31	①	②	③	④
32	①	②	③	④
33	①	②	③	④
34	①	②	③	④
35	①	②	③	④

31 비터 초콜릿(Bitter choco-late) 32% 중에는 코코아가 약 얼마 정도 함유 되어 있는가?

① 8%

② 16%

③ 20%

④ 24%

32 탈지분유 구성 중 50% 정도를 차지하는 것은?

① 수분

② 지방

③ 유당

④ 회분

33 호밀에 관한 설명으로 **틀린** 것은?

① 호밀 단백질은 밀가루 단백질에 비하여 글루텐을 형성하는 능력이 떨어진다.

② 밀가루에 비하여 펜토산 함량이 낮아 반죽이 끈적거린다.

③ 제분율에 따라 백색, 중간색, 흑색 호밀가루로 분류한다.

④ 호밀분에 지방함량이 높으면 저장성이 나쁘다.

34 다음에서 이스트의 영양원이 되는 물질은?

① 인산칼슘

② 소금

③ 황산암모늄

④ 브롬산칼슘

35 모노글리세리드(mono-glyceride)와 디글리세리드(diglyceride)는 제과에 있어 주로 어떤 역할을 하는가?

① 유화제

② 항산화제

③ 감미제

④ 필수영양제

글자
크기 100% 150% 200%

화면
배치

• 전체 문제 수:
• 안 푼 문제 수:

답안 표기란

36	①	②	③	④
37	①	②	③	④
38	①	②	③	④
39	①	②	③	④
40	①	②	③	④

36 단순 단백질인 알부민에 대한 설명으로 옳은 것은?

① 물이나 묽은 염류용액에 녹고 열에 의해 응고된다.

② 물에는 불용성이나 묽은 염류용액에 가용성이고 열에 의해 응고된다.

③ 중성 용매에는 불용성이나 묽은 산, 염기에는 가용성이다.

④ 곡식의 낱알에만 존재하며 밀의 글루테닌이 대표적이다.

37 제빵 제조시 물의 기능이 아닌 것은?

① 글루텐 형성을 돕는다.

② 반죽온도를 조절한다.

③ 이스트 먹이 역할을 한다.

④ 효소활성화에 도움을 준다.

38 반죽을 하기 위해 계란 노른자 500g이 필요하다. 몇 개의 계란이 준비되어야 하는가?(단, 계란 1개의 중량 52g, 껍질12%, 노른자 33%, 흰자 55%)

① 26개

② 30개

③ 34개

④ 38개

39 다음 중 유지의 경화 공정과 관계가 없는 물질은?

① 불포화지방산

② 수소

③ 콜레스테롤

④ 촉매제

40 제과, 제빵에서 계란의 역할로만 묶인 것은?

① 영양가치 증가, 유화역할, pH강화

② 영양가치 증가, 유화역할, 조직강화

③ 영양가치 증가, 조직강화, 방부효과

④ 유화역할, 조직강화, 발효시간 단축

CBT 체험형 기출문제

제빵기능사

• 수험번호 :
• 수험자명 :

• 제한 시간 :
• 남은 시간 :

글자
크기   100%   150%   200%

화면
배치

• 전체 문제 수 :
• 안 푼 문제 수 :

답안 표기란				
41	①	②	③	④
42	①	②	③	④
43	①	②	③	④
44	①	②	③	④
45	①	②	③	④
46	①	②	③	④

41 감미제에 대한 설명으로 맞는 것은?

① 물엿은 장내 비피더스균 생육 인자이다.

② 당밀은 럼을 원료로 만든다.

③ 아스파탐은 설탕의 10배의 단맛을 가진 인공 감미료이다.

④ 벌꿀은 천연의 전화당으로 대부분 포도당과 과당으로 이루어져 있다.

42 다음 중 포화지방산은?

① 올레산(oleic acid)

② 스테아르산(stearic acid)

③ 리놀레산(linoleic acid)

④ 아이코사펜테노익산(eicosapentaenoic acid)

43 지질의 대사산물이 <u>아닌</u> 것은?

① 물

② 수소

③ 이산화탄소

④ 에너지

44 밀가루 음식에 대두를 넣는다면 어떤 영양소가 강화되는 것인가?

① 섬유질

② 지방

③ 필수아미노산

④ 무기질

45 당질이 혈액 내에 존재하는 형태는?

① 글루코오스(glucose)

② 글리코겐(glycogen)

③ 갈락토오스(galactose)

④ 프럭토오스(fructose)

46 단백질의 소화효소 중 췌장에서 분비되고, 아르기닌(arginine) 등 염기성 아미노산의 COOH기에서 만들어진 펩타이드(peptide) 결합을 분해하는 효소는?

① 트립신(trypsin)

② 펩신(pepsin)

③ 아미노펩티다아제(aminopeptidase)

④ 카르복시펩티다아제(carboxypeptidase)

CBT 체험형 기출문제

제빵기능사

• 수험번호:
• 수험자명:

• 제한 시간:
• 남은 시간:

글자
크기   100%   150%   200% 화면
배치

• 전체 문제 수:
• 안 푼 문제 수:

답안 표기란

47	①	②	③	④
48	①	②	③	④
49	①	②	③	④
50	①	②	③	④
51	①	②	③	④

47 지방질 대사를 위한 간의 중요한 역할 중 잘못 설명한 것은?

① 지방질 섭취의 부족에 의해 케톤체를 만든다.

② 콜레스테롤을 합성한다.

③ 담즙산의 생산 원천이다.

④ 지방산을 합성하거나 분해한다.

48 질병에 대한 저항력을 지닌 항체를 만드는데 꼭 필요한 영양소는?

① 탄수화물

② 지방

③ 칼슘

④ 단백질

49 유당불내증이 있는 사람에게 적합한 식품은?

① 우유

② 크림소스

③ 요구르트

④ 크림스프

50 칼슘의 흡수에 관계하는 호르몬은 무엇인가?

① 갑상선 호르몬

② 부갑상선호르몬

③ 부신호르몬

④ 성호르몬

51 다음 중 냉장온도에서도 증식이 가능하여 육류, 가금류 외에도 열처리 하지 않은 우유나 아이스크림, 채소 등을 통해서도 식중독을 일으키며 태아나 임신부에 치명적인 식중독 세균은?

① 캠필로박터균(Campylobacter jejuni)

② 바실러스균(Bacilluscereus)

③ 리스테리아균(Listeria monocy-togenes)

④ 비브리오 패혈증균(Vibrio vulnificus)

CBT 체험형 기출문제
제빵기능사

· 수험번호:
· 수험자명:

· 제한 시간:
· 남은 시간:

글자
크기 100% 150% 200% 화면 배치

· 전체 문제 수:
· 안 푼 문제 수:

답안 표기란

52	①	②	③	④
53	①	②	③	④
54	①	②	③	④
55	①	②	③	④
56	①	②	③	④
57	①	②	③	④

52 식품시설에서 교차오염을 예방하기 위하여 바람직한 것은?

① 작업장은 최소한의 면적을 확보함
② 냉수 전용 수세 설비를 갖춤
③ 작업 흐름을 일정한 방향으로 배치함
④ 불결 작업과 청결 작업이 교차하도록 함

53 식품의 부패방지와 관계가 있는 처리로만 나열된 것은?

① 방사선 조사, 조미료 첨가, 농축
② 실온 보관, 설탕 첨가, 훈연
③ 수분 첨가, 식염 첨가, 외관 검사
④ 냉동법, 보존료 첨가, 자외선 살균

54 유지산패도를 측정하는 방법이 아닌 것은?

① 과산화물가(peroxide value, POV)
② 휘발성염기질소(volatile basic nitrogen value, VBN)
③ 카르보닐가(carbonyl value, CV)
④ 관능검사

55 식품위생법에서 식품 등의 공전은 누가 작성, 보급 하는가?

① 보건복지부장관
② 식품의약품안전청장
③ 국립보건원장
④ 시, 도지사

56 변질되기 쉬운 식품을 생산지로부터 소비자에게 전달하기까지 저온으로 보존하는 시스템은?

① 냉장유통체계
② 냉동유통체계
③ 저온유통체계
④ 상온유통체계

57 다음 중 작업공간의 살균에 가장 적당한 것은?

① 자외선 살균
② 적외선 살균
③ 가시광선 살균
④ 자비살균

CBT 체험형 기출문제
제빵기능사

· 수험번호:
· 수험자명:

· 제한 시간:
· 남은 시간:

글자
크기 100% 150% 200%

화면
배치

· 전체 문제 수:
· 안 푼 문제 수:

58 주로 돼지고기를 익혀 먹지 않아서 감염되며 머리가 구형으로 22~32개의 갈고리를 가지고 있어서 갈고리 촌충이라고도 불리는 기생충은?

① 무구조충

② 유구조충

③ 간디스토마

④ 선모충

59 식품에 식염을 첨가함으로써 미생물 증식을 억제하는 효과와 관계가 없는 것은?

① 탈수작용에 의한 식품 내 수분감소

② 산소의 용해도 감소

③ 삼투압 증가

④ 펩티드 결합의 분해

60 인체 유래 병원체에 의한 전염병의 발생과 전파를 예방하기 위한 올바른 개인위생관리로 가장 적합한 것은?

① 식품 작업 중 화장실 사용 시 위생복을 착용한다.

② 설사증이 있을 때에는 약을 복용한 후 식품을 취급한다.

③ 식품 취급 시 장신구는 순금제품을 착용한다.

④ 정기적으로 건강검진을 받는다.

CBT 체험형 기출문제
제빵기능사

• 수험번호:
• 수험자명:

• 제한 시간:
• 남은 시간:

글자
크기   100% (M) 150% (+) 200%

화면
배치 ☐ ☐ ☐

• 전체 문제 수:
• 안 푼 문제 수:

답안 표기란

01	①	②	③	④
02	①	②	③	④
03	①	②	③	④
04	①	②	③	④
05	①	②	③	④

2회

01 연속식 제빵법에 관한 설명으로 틀린 것은?

① 액체 발효법을 이용하여 연속적으로 제품을 생산한다.

② 발효 손실 감소, 인력 감소 등의 이점이 있다.

③ 3~4기압의 디벨로퍼로 반죽을 제조하기 때문에 많은 양의 산화제가 필요하다.

④ 자동화 시설을 갖추기 위해 설비 공간의 면적이 많이 소요된다.

02 일반적으로 작은 규모의 제과점에서 사용하는 믹서는?

① 수직형 믹서

② 수평형 믹서

③ 초고속 믹서

④ 커터 믹서

03 냉동빵에서 반죽의 온도를 낮추는 가장 주된 이유는?

① 수분 사용량이 많아서

② 밀가루의 단백질 함량이 낮아서

③ 이스트 활동을 억제하기 위해서

④ 이스트 사용량이 감소해서

04 완제품 중량이 400g인 빵 200개를 만들고자 한다. 발효 손실이 2%이고 굽기 및 냉각 손실이 12%라고 할 때 밀가루 중량은?(총 배합률은 180%이며, 소수점 이하는 반올림 한다)

① 51,536g

② 54,725g

③ 61,320g

④ 61,940g

05 다음 제빵 공정 중 시간보다 상태로 판단하는 것이 좋은 공정은?

① 포장

② 분할

③ 2차 발효

④ 성형

CBT 체험형 기출문제

제빵기능사

• 수험번호 :
• 수험자명 :

• 제한 시간 :
• 남은 시간 :

글자
크기 100% 150% 200%　화면 배치

• 전체 문제 수 :
• 안 푼 문제 수 :

답안 표기란

06	①	②	③	④
07	①	②	③	④
08	①	②	③	④
09	①	②	③	④
10	①	②	③	④

06 냉동반죽에 사용되는 재료와 제품의 특성에 대한 설명 중 **틀린** 것은?

① 일반 제품보다 산화제 사용량을 증가 시킨다.

② 저율배합인 프랑스빵이 가장 유리 하다.

③ 유화제를 사용하는 것이 좋다.

④ 밀가루는 단백질의 함량과 질이 좋은 것을 사용한다.

07 스펀지 발효에서 생기는 결함을 없애기 위하여 만들어진 제조법으로 ADMI법이라고 불리는 제빵법은?

① 액종법(liquid ferments)

② 비상 반죽법(emergency dough method)

③ 노타임 반죽법(no timedough method)

④ 스펀지/도법(sponge/dough method)

08 다음 중 정상적인 스펀지 반죽을 발효시키는 동안 스펀지 내부의 온도 상승은 어느 정도가 가장 바람직한가?

① 1~2℃

② 4~6℃

③ 8~10℃

④ 12~14℃

09 식빵 반죽의 희망 온도가 27℃일 때, 실내 온도 20℃, 밀가루 온도 20℃, 마찰계수 30인 경우 사용할 물의 온도는?

① -7℃

② 3℃

③ 11℃

④ 18℃

10 단백질 함량이 2% 증가된 강력밀가루 사용시 흡수율의 변화의 가장 적당한 것은?

① 2% 감소

② 1.5% 증가

③ 3% 증가

④ 4.5% 증가

CBT 체험형 기출문제

제빵기능사

· 수험번호 :
· 수험자명 :

· 제한 시간 :
· 남은 시간 :

글자
크기   화면
배치

· 전체 문제 수 :
· 안 푼 문제 수 :

답안 표기란				
11	①	②	③	④
12	①	②	③	④
13	①	②	③	④
14	①	②	③	④
15	①	②	③	④
16	①	②	③	④

11 미국식 데니시 페이스트리 제조시 반죽무게에 대한 충전용 유지(롤인유지)의 사용 범위로 가장 적합한 것은?

① 10~15%

② 20~40%

③ 45~60%

④ 60~80%

12 식빵의 일반적인 비용적은?

① 0.36 cm³/g

② 1.36 cm³/g

③ 3.36 cm³/g

④ 5.36 cm³/g

13 산화제와 환원제를 함께 사용하여 믹싱시간과 발효시간을 감소시키는 제빵법은?

① 스트레이트법

② 노타임법

③ 비상스펀지법

④ 비상스트레이트법

14 식빵 반죽 표피에 수포가 생긴 이유로 적합한 것은?

① 2차 발효실 상대습도가 높았다.

② 2차 발효실 상대습도가 낮았다.

③ 1차 발효실 상대습도가 높았다.

④ 1차 발효실 상대습도가 낮았다.

15 다음 중 팬닝에 대한 설명으로 틀린 것은?

① 반죽의 이음매가 틀의 바닥으로 놓이게 한다.

② 철판의 온도를 60℃로 맞춘다.

③ 반죽은 적정 분할량을 넣는다.

④ 비용적의 단위는 cm³/g 이다.

16 빵의 제품평가에서 브레이크와 슈레드 부족현상의 이유가 아닌 것은?

① 발효시간이 짧거나 길었다.

② 오븐의 온도가 높았다.

③ 2차 발효실의 습도가 낮았다.

④ 오븐의 증기가 너무 많았다.

CBT 체험형 기출문제

제빵기능사

• 수험번호 :
• 수험자명 :

• 제한 시간 :
• 남은 시간 :

글자
크기　100%　150%　200%

화면
배치

• 전체 문제 수 :
• 안 푼 문제 수 :

답안 표기란

17	①	②	③	④
18	①	②	③	④
19	①	②	③	④
20	①	②	③	④
21	①	②	③	④

17 베이커스 퍼센트(bakers percent)에 대한 설명으로 맞는 것은?

① 전체 재료의 양을 100%로 하는 것이다.

② 물의 양을 100%로 하는 것이다.

③ 밀가루의 양을 100%로 하는 것이다.

④ 물과 밀가루의 양의 합을 100%로 하는 것이다.

18 굽기를 할 때 일어나는 반죽의 변화가 아닌 것은?

① 오븐팽창

② 단백질 열변성

③ 전분의 호화

④ 전분의 노화

19 분할기에 의한 기계식 분할시 분할의 기준이 되는 것은?

① 무게

② 모양

③ 배합율

④ 부피

20 탈지분유를 빵에 넣으면 발효 시 pH 변화에 어떤 영향을 미치는가?

① pH 저하를 촉진 시킨다.

② pH 상승을 촉진 시킨다.

③ pH 변화에 대한 완충 역할을 한다.

④ pH가 중성을 유지하게 된다.

21 더운 여름에 얼음을 사용하여 반죽 온도 조절 시 계산 순서로 적합한 것은?

① 마찰계수→물 온도 계산→얼음 사용량

② 물 온도 계산→얼음 사용량→마찰계수

③ 얼음 사용량→마찰계수→물 온도 계산

④ 물 온도 계산→마찰계수→얼음 사용량

CBT 체험형 기출문제
제빵기능사

• 수험번호:
• 수험자명:

• 제한 시간:
• 남은 시간:

글자
크기
100% 150% 200%

화면
배치

• 전체 문제 수:
• 안 푼 문제 수:

답안 표기란

22	①	②	③	④
23	①	②	③	④
24	①	②	③	④
25	①	②	③	④
26	①	②	③	④
27	①	②	③	④

22 바게트 배합률에서 비타민C 30ppm을 사용하려고 할 때 이 용량을 %로 올바르게 나타낸 것은?

① 0.3%

② 0.03%

③ 0.003%

④ 0.0003%

23 다음은 어떤 공정의 목적인가?

자른 면의 점착성을 감소시키고 표피를 형성하여 탄력을 유지시킨다.

① 분할

② 둥글리기

③ 중간발효

④ 정형

24 반죽의 변화단계에서 생기 있는 외관이 되며 매끄럽고 부드러우며 탄력성이 증가되어 강하고 단단한 반죽이 되었을 때의 상태는?

① 클린업 상태(clean up)

② 픽업 상태(pick up)

③ 발전 상태(development)

④ 렛다운 상태(let down)

25 반죽의 내부 온도가 60℃에 도달하지 않은 상태에서 온도상승에 따른 이스트의 활동으로 부피의 점진적인 증가가 진행되는 현상은?

① 호화(gelatinization)

② 오븐스프링(oven spring)

③ 오븐라이즈(oven rise)

④ 캐러멜화(caramelization)

26 냉동제법에서 믹싱 다음 단계의 공정은?

① 1차 발효

② 분할

③ 해동

④ 2차 발효

27 빵 반죽(믹싱)시 반죽 온도가 높아지는 주 이유는?

① 이스트가 번식하기 때문에

② 원료가 용해되기 때문에

③ 글루텐이 발전하기 때문에

④ 마찰열이 생기기 때문에

CBT 체험형 기출문제

제빵기능사

· 수험번호 :
· 수험자명 :

· 제한 시간 :
· 남은 시간 :

글자
크기　⊖ 100%　Ⓜ 150%　⊕ 200%　화면 배치 ▭ ▯▯ ▯

· 전체 문제 수 :
· 안 푼 문제 수 :

답안 표기란

28	①	②	③	④
29	①	②	③	④
30	①	②	③	④
31	①	②	③	④
32	①	②	③	④
33	①	②	③	④

28 글루텐을 형성하는 단백질은?

① 알부민, 글리아딘

② 알부민, 글로불린

③ 글루테닌, 글리아딘

④ 글루테닌, 글로불린

29 다음 중 반죽 발효에 영향을 주지 않는 재료는?

① 쇼트닝

② 설탕

③ 이스트

④ 이스트푸드

30 다음 중 소프트 롤에 속하지 않는 것은?

① 디너 롤

② 프렌치 롤

③ 브리오슈

④ 치즈 롤

31 효모에 대한 설명으로 틀린 것은?

① 당을 분해하여 산과 가스를 생성한다.

② 출아법으로 증식한다.

③ 제빵용 효모의 학명은 saccharo-myces serevisiae이다.

④ 산소의 유무에 따라 증식과 발효가 달라진다.

32 다음 중 신선한 달걀의 특징은?

① 난각 표면에 광택이 없고 선명하다.

② 난각 표면이 매끈하다.

③ 난각에 광택이 있다.

④ 난각 표면에 기름기가 있다.

33 피자 제조시 많이 사용하는 향신료는?

① 넛메그

② 오레가노

③ 박하

④ 계피

CBT 체험형 기출문제
제빵기능사

• 수험번호:
• 수험자명:

• 제한 시간:
• 남은 시간:

글자
크기　 100%　 150%　 200%　화면
배치　

• 전체 문제 수:
• 안 푼 문제 수:

답안 표기란				
34	①	②	③	④
35	①	②	③	④
36	①	②	③	④
37	①	②	③	④

34 밀가루의 단백질 함량이 증가하면 패리노그래프 흡수율은 증가하는 경향을 보인다. 밀가루의 등급이 낮을수록 패리노그래프에 나타나는 현상은?

① 흡수율은 증가하나 반죽시간과 안정도는 감소한다.

② 흡수율은 감소하고 반죽시간과 안정도는 감소한다.

③ 흡수율은 증가하나 반죽시간과 안정도는 변화가 없다.

④ 흡수율은 감소하나 반죽시간과 안정도는 변화가 없다.

35 밀가루의 일반적인 자연숙성 기간은?

① 1~2주

② 2~3개월

③ 4~5개월

④ 5~6개월

36 식품향료에 대한 설명 중 틀린 것은?

① 자연향료는 자연에서 채취한 후 추출, 정재, 농축, 분리 과정을 거쳐 얻는다.

② 합성향료는 석유 및 석탄류에 포함되어 있는 방향성유기물질로부터 합성하여 만든다.

③ 조합향료는 천연향료와 합성향료를 조합하여 양자 간의 문제점을 보완한 것이다.

④ 식품에 사용하는 향료는 첨가물이지만, 품질, 규격 및 사용법을 준수하지 않아도 된다.

37 다음 중 식물계에는 존재하지 않는 당은?

① 과당

② 유당

③ 설탕

④ 맥아당

CBT 체험형 기출문제

제빵기능사

• 수험번호 :
• 수험자명 :

• 제한 시간 :
• 남은 시간 :

글자
크기 ⊖ 100% Ⓜ 150% ⊕ 200% 화면 배치

• 전체 문제 수 :
• 안 푼 문제 수 :

답안 표기란

38	①	②	③	④
39	①	②	③	④
40	①	②	③	④
41	①	②	③	④
42	①	②	③	④
43	①	②	③	④

38 젤리를 제조하는데 당분 60~65%, 펙틴 1.0~1.5%일 때 가장 적합한 pH는?

① pH1.0

② pH3.2

③ pH7.8

④ pH10.0

39 정상 조건하의 베이킹파우더 100g에서 얼마 이상의 유효 이산화탄소 가스가 발생되어야 하는가?

① 6%

② 12%

③ 18%

④ 24%

40 유지에 알칼리를 가할 때 일어나는 반응은?

① 가수분해

② 비누화

③ 에스테르화

④ 산화

41 식용유지로 튀김요리를 반복할 때 발생하는 현상이 <u>아닌</u> 것은?

① 발연점 상승

② 유리지방산 생성

③ 카르보닐화합물 생성

④ 점도 증가

42 반죽에 사용하는 물이 연수일 때 무엇을 더 증가시켜 넣어야 하는가?

① 과당

② 유당

③ 포도당

④ 맥아당

43 노인의 경우 필수 지방산의 흡수를 위하여 다음 중 어떤 종류의 기름을 섭취하는 것이 좋은가?

① 콩기름

② 닭기름

③ 돼지기름

④ 쇠기름

CBT 체험형 기출문제

제빵기능사

· 수험번호 :
· 수험자명 :

· 제한 시간 :
· 남은 시간 :

글자
크기
100% 150% 200%

화면
배치

· 전체 문제 수 :
· 안 푼 문제 수 :

답안 표기란

44	①	②	③	④
45	①	②	③	④
46	①	②	③	④
47	①	②	③	④
48	①	②	③	④
49	①	②	③	④

44 밀의 제 1제한아미노산은 무엇인가?

① 메티오닌(methionine)

② 라이신(lysine)

③ 발린(valine)

④ 루신(leucine)

45 영양소의 흡수에 대한 설명 중 잘못된 것은?

① 위 - 영양소 흡수가 활발하다.

② 구강 - 영양소 흡수는 일어나지 않는다.

③ 소장 - 단당류가 흡수된다.

④ 대장 - 수분이 흡수된다.

46 트립토판 360 mg은 체내에서 나이아신 몇 mg으로 전환 되는가?

① 0.6 mg

② 6 mg

③ 36 mg

④ 60 mg

47 1일 2000kcal를 섭취하는 성인의 경우 탄수화물의 적절한 섭취량은?

① 1100~1400g

② 850~1050g

③ 500~125g

④ 275~350g

48 다음 중 체중 1kg당 단백질 권장량이 가장 많은 대상으로 옳은 것은?

① 1~2세 유아

② 9~11세 여자

③ 15~19세 남자

④ 65세 이상 노인

49 시금치에 들어 있으며 칼슘의 흡수를 방해하는 유기산은?

① 초산

② 호박산

③ 수산

④ 구연산

글자
크기
100% 150% 200%

화면
배치

• 전체 문제 수:
• 안 푼 문제 수:

답안 표기란

50	①	②	③	④
51	①	②	③	④
52	①	②	③	④
53	①	②	③	④
54	①	②	③	④

50 비타민 C가 가장 많이 함유되어 있는 식품은?

① 풋고추
② 사과
③ 미역
④ 양배추

51 경구감염병의 예방으로 가장 부적당한 것은?

① 식품을 냉장고에 보관한다.
② 감염원이나 오염 물질을 소독한다.
③ 보균자의 식품 취급을 금한다.
④ 주위 환경을 청결히 한다.

52 부패 미생물이 번식할 수 있는 최저의 수분활성도(Aw)의 순서가 맞는 것은?

① 세균 > 곰팡이 > 효모
② 세균 > 효모 > 곰팡이
③ 효모 > 곰팡이 > 세균
④ 효모 > 세균 > 곰팡이

53 생산공장시설의 효율적 배치에 대한 설명 중 적합하지 <u>않은</u> 것은?

① 작업용 바닥면적은 그 장소를 이용하는 사람들의 수에 따라 달라진다.
② 판매장소와 공장의 면적배분 (판매3 : 공장1)의 비율로 구성되는 것이 바람직하다.
③ 공장의 소요면적은 주방설비의 설치면적과 기술자의 작업을 위한 공간면적으로 이루어 진다.
④ 공장의 모든 업무가 효과적으로 진행되기 위한 기본은 주방의 위치와 규모에 대한 설계이다.

54 식품 또는 식품첨가물을 채취, 제조, 가공, 조리, 저장, 운반 또는 판매하는 직접종사자들이 정기 건강 진단을 받아야하는 주기는?

① 1회/월
② 1회/3개월
③ 1회/6개월
④ 1회/년

CBT 체험형 기출문제
제빵기능사

• 수험번호:
• 수험자명:

• 제한 시간:
• 남은 시간:

글자
크기
100% 150% 200%

화면
배치

• 전체 문제 수:
• 안 푼 문제 수:

답안 표기란

55	①	②	③	④
56	①	②	③	④
57	①	②	③	④
58	①	②	③	④
59	①	②	③	④
60	①	②	③	④

55 일반적으로 식품의 저온 살균 온도로 가장 적합한 것은?

① 20~30℃

② 60~70℃

③ 100~110℃

④ 130~140℃

56 식품첨가물을 수입할 경우 누구에게 신고해야 하는가?

① 서울특별시장 및 도지사

② 관할 검역소장

③ 보건복지부 장관

④ 시장·도지사

57 다음 중 식품이나 음료수를 통해 감염되는 소화기계 감염병에 속하지 않는 것은?

① 장티푸스

② 발진티푸스

③ 세균성 이질

④ 콜레라

58 다음 중 전염병과 관련 내용이 바르게 연결되지 않은 것은?

① 콜레라 - 외래 전염병

② 파상열 - 바이러스성 인수공통감염병

③ 장티푸스 - 고열 수반

④ 세균성 이질 - 점액성 혈변

59 다음 중 메주의 독소로 알맞은 것은?

① Gossypol

② Aflatoxin

③ Solanine

④ Ergotoxine

60 식품 제조 시 다량의 거품이 발생할 때 이를 제거하기 위해 사용하는 첨가물은?

① 추출제

② 용재

③ 피막제

④ 소포제

CBT 체험형 기출문제

제빵기능사

· 수험번호 :
· 수험자명 :

· 제한 시간 :
· 남은 시간 :

글자
크기   화면
배치

· 전체 문제 수 :
· 안 푼 문제 수 :

답안 표기란

01	①	②	③	④
02	①	②	③	④
03	①	②	③	④
04	①	②	③	④
05	①	②	③	④
06	①	②	③	④

3회

01 단백질 분해효소인 프로테아제(protease)를 햄버거빵에 첨가하는 이유로 가장 알맞은 것은?

① 저장성 증가를 위하여

② 팬 흐름성을 좋게 하기 위하여

③ 껍질색 개선을 위하서

④ 발효 내구력을 증가시키기 위하여

02 오븐 내에서 뜨거워진 공기를 강제 순환시키는 열전달 방식은?

① 대류

② 전도

③ 복사

④ 전자파

03 식빵의 밑이 움푹 패이는 원인이 아닌 것은?

① 2차 발효실의 습도가 높을 때

② 팬의 바닥에 수분이 있을 때

③ 오븐 바닥열이 약할 때

④ 팬에 기름칠을 하지 않을 때

04 빵의 부피가 가장 크게 되는 경우는?

① 숙성이 안된 밀가루를 사용할 때

② 물을 적게 사용할 때

③ 반죽이 지나치게 믹싱 되었을 때

④ 발효가 더 되었을 때

05 냉동 반죽법의 냉동과 해동 방법으로 옳은 것은?

① 급속냉동, 급속해동

② 급속냉동, 완만해동

③ 완만냉동, 급속해동

④ 완만냉동, 완만해동

06 오븐 온도가 낮을 때 제품에 미치는 영향은?

① 2차 발효가 지나친 것과 같은 현상이 나타난다.

② 껍질이 급격히 형성된다.

③ 제품의 옆면이 터지는 현상이다.

④ 제품의 부피가 작아진다.

CBT 체험형 기출문제
제빵기능사

· 수험번호 :
· 수험자명 :

· 제한 시간 :
· 남은 시간 :

글자
크기
100% 150% 200%

화면
배치

· 전체 문제 수 :
· 안 푼 문제 수 :

답안 표기란				
07	①	②	③	④
08	①	②	③	④
09	①	②	③	④
10	①	②	③	④
11	①	②	③	④
12	①	②	③	④

07 다음 중 이스트가 오븐 내에서 사멸되기 시작하는 온도는?

① 40℃

② 60℃

③ 80℃

④ 100℃

08 냉각으로 인한 빵 속의 수분 함량으로 적당한 것은?

① 약 5%

② 약 15%

③ 약 25%

④ 약 38%

09 빵 반죽의 이스트 발효 시 주로 생성되는 물질은?

① 물＋이산화탄소

② 알코올＋이산화탄소

③ 알코올＋물

④ 알코올＋글루텐

10 노타임 반죽법에 사용되는 산화, 환원제의 종류가 아닌 것은?

① ADA(azodicarbonamide)

② L-시스테인

③ 소르브산

④ 요오드칼슘

11 어린 반죽(발효가 덜 된 반죽)으로 제조를 할 경우 중간발효시간은 어떻게 조절되는가?

① 길어진다.

② 짧아진다.

③ 같다.

④ 판단할 수 없다.

12 직접반죽법에 의한 발효 시 가장 먼저 발효되는 당은?

① 맥아당(maltose)

② 포도당(glucose)

③ 과당(fructose)

④ 갈락토오스(galactose)

CBT 체험형 기출문제
제빵기능사

• 수험번호:
• 수험자명:

• 제한 시간:
• 남은 시간:

글자
크기   100%   150%   200% 화면
배치

• 전체 문제 수:
• 안 푼 문제 수:

답안 표기란				
13	①	②	③	④
14	①	②	③	④
15	①	②	③	④
16	①	②	③	④
17	①	②	③	④
18	①	②	③	④

13 하나의 스펀지 반죽으로 2~4개의 도우(dough)를 제조하는 방법으로 노동력, 시간이 절약되는 방법은?

① 가당 스펀지법

② 오버나잇 스펀지법

③ 마스터 스펀지법

④ 비상 스펀지법

14 다음 중 냉동 반죽을 저장할 때의 적정 온도로 옳은 것은?

① -1~ -5℃ 정도

② -6~ -10℃ 정도

③ -18~ -24℃ 정도

④ -40~ -45℃ 정도

15 다음 중 굽기 과정에서 일어나는 변화로 틀린 것은?

① 글루텐이 응고된다.

② 반죽의 온도가 90℃일 때 효소의 활성이 증가한다.

③ 오븐 팽창이 일어난다.

④ 향이 생성된다.

16 빵 표피의 갈변반응을 설명한 것 중 옳은 것은?

① 이스트가 사멸해서 생긴다.

② 마가린으로부터 생긴다.

③ 아미노산과 당으로부터 생긴다.

④ 굽기 온도 때문에 지방이 산패되어 생긴다.

17 다음 재료 중 식빵 제조 시 반죽 온도에 가장 큰 영향을 주는 것은?

① 설탕

② 밀가루

③ 소금

④ 반죽개량제

18 다음 중 발효시간을 연장시켜야하는 경우는?

① 식빵 반죽온도가 27℃ 이다.

② 발효실 온도가 24℃ 이다.

③ 이스트푸드가 충분하다.

④ 1차 발효실 상대 습도가 80%이다.

CBT 체험형 기출문제
제빵기능사

· 수험번호:
· 수험자명:
· 제한 시간:
· 남은 시간:

글자
크기
 100%
 150%
 200%
화면
배치

· 전체 문제 수:
· 안 푼 문제 수:

답안 표기란

19	①	②	③	④
20	①	②	③	④
21	①	②	③	④
22	①	②	③	④
23	①	②	③	④

19 다음 제품 중 2차 발효실의 습도를 가장 높게 설정해야 되는 것은?

① 호밀빵

② 햄버거빵

③ 불란서빵

④ 빵 도넛

20 냉동반죽의 해동을 높은 온도에서 빨리 할 경우 반죽의 표면에서 물이 나오는 드립(drip)현상이 발생하는데 그 원인이 **아닌** 것은?

① 얼음결정이 반죽의 세포를 파괴 손상

② 반죽 내 수분의 빙결분리

③ 단백질의 변성

④ 급속냉동

21 빵의 관능적 평가법에서 외부적 특성을 평가하는 항목으로 **틀린** 것은?

① 대칭성

② 껍질색상

③ 껍질특성

④ 맛

22 안치수가 그림과 같은 식빵 철판의 용적은?

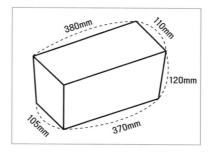

① 4662 ㎤

② 4837.5 ㎤

③ 5018.5 ㎤

④ 5218.5 ㎤

23 빵반죽의 흡수율에 영향을 미치는 요소에 대한 설명으로 옳은 것은?

① 설탕 5% 증가시 흡수율은 1%씩 감소한다.

② 빵반죽에 알맞은 물은 경수(센물)보다 연수(단물)이다.

③ 반죽온도가 5℃ 증가함에 따라 흡수율이 3% 증가한다.

④ 유화제 사용량이 많으면 물과 기름의 결합이 좋게되어 흡수율이 감소된다.

CBT 체험형 기출문제
제빵기능사

· 수험번호:
· 수험자명:

· 제한 시간:
· 남은 시간:

글자
크기   100% 150% 200% 화면
배치

· 전체 문제 수:
· 안 푼 문제 수:

답안 표기란

24	①	②	③	④
25	①	②	③	④
26	①	②	③	④
27	①	②	③	④
28	①	②	③	④

24 데니시페이스트리에서 롤인 유지함량 및 접기 횟수에 대한 내용 중 <u>틀린</u> 것은?

① 롤인 유지함량이 증가할수록 제품 부피는 증가한다.

② 롤인 유지함량이 적어지면 같은 접기 횟수에서 제품의 부피가 감소한다.

③ 같은 롤인 유지함량에서는 접기 횟수가 증가할수록 부피는 증가하다 최고점을 지나면 감소한다.

④ 롤인 유지함량이 많은 것이 롤인 유지함량이 적은 것보다 접기 횟수가 증가함에 따라 부피가 증가하다가 최고점을 지나면 감소하는 현상이 현저하다.

25 하스브레드의 종류에 속하지 <u>않는</u> 것은?

① 불란서빵

② 베이글빵

③ 비엔나빵

④ 아이리시빵

26 둥글리기의 목적과 거리가 <u>먼</u> 것은?

① 공 모양의 일정한 모양을 만든다.

② 큰 가스는 제거하고 작은 가스는 고르게 분산시킨다.

③ 흐트러진 글루텐을 재정렬한다.

④ 방향성 물질을 생성하여 맛과 향을 좋게 한다.

27 식빵의 온도를 28℃까지 냉각한 후 포장할 때 식빵에 미치는 영향은?

① 노화가 일어나서 빨리 딱딱해진다.

② 빵에 곰팡이가 쉽게 발생한다.

③ 빵의 모양이 찌그러지기 쉽다.

④ 식빵을 슬라이스하기 어렵다.

28 다음 중 반죽 10kg을 혼합할 때 가장 적합한 믹서의 용량은?

① 8kg

② 10kg

③ 15kg

④ 30kg

CBT 체험형 기출문제

제빵기능사

• 수험번호:
• 수험자명:

• 제한 시간:
• 남은 시간:

글자
크기 100% 150% 200%

화면
배치

• 전체 문제 수:
• 안 푼 문제 수:

답안 표기란

29	①	②	③	④
30	①	②	③	④
31	①	②	③	④
32	①	②	③	④
33	①	②	③	④

29 계란에 대한 설명 중 옳은 것은?

① 계란 노른자에 가장 많은 것은 단백질이다.

② 계란 흰자는 대부분이 물이고 그 다음 많은 성분은 지방질이다.

③ 계란 껍질은 대부분 탄산칼슘으로 이루어져 있다.

④ 계란은 흰자보다 노른자 중량이 더 크다.

30 β-아밀라아제의 설명으로 **틀린 것은?**

① 전분이나 덱스트린을 맥아당으로 만든다.

② 아밀로오스의 말단에서 시작하여 포도당 2분자씩을 끊어가면서 분해한다.

③ 전분의 구조가 아밀로펙틴인 경우 약 52%까지만 가수분해 한다.

④ 액화효소 또는 내부 아밀라아제라고도 한다.

31 다음 중 찬물에 잘 녹는 것은?

① 한천

② 씨엠시

③ 젤라틴

④ 일반 펙틴

32 유지의 가소성은 그 구성 성분 중 주로 어떤 물질의 종류와 양에 의해 결정되는가?

① 스테롤

② 트리글리세라이드

③ 유리 지방산

④ 토코페롤

33 밀가루 반죽의 탄성을 강하게 하는 재료가 아닌 것은?

① 비타민A

② 레몬즙

③ 칼슘염

④ 식염

CBT 체험형 기출문제
제빵기능사

• 수험번호:
• 수험자명:

• 제한 시간:
• 남은 시간:

답안 표기란

34	①	②	③	④
35	①	②	③	④
36	①	②	③	④
37	①	②	③	④
38	①	②	③	④
39	①	②	③	④

34 제과용 밀가루의 단백질과 회분의 함량으로 가장 적합한 것은?

	단백질(%)	회분(%)
①	4~5.5	0.2
②	6~6.5	0.3
③	7~9	0.4
④	10~11	0.5

35 포도당의 감미도가 높은 상태인 것은?

① 결정형

② 수용액

③ β-형

④ 좌선성

36 산화제를 사용하면 두 개의 -SH기가 S-S결합으로 바뀌게 된다. 이 같은 반응이 일어나는 것은 어느 것에 의한 것인가?

① 밀가루의 단백질

② 밀가루의 전분

③ 고구마 전분

④ 감자 전분

37 밀가루 중 글루텐은 건조 중량의 약 몇배에 해당하는 물을 흡수할 수 있는가?

① 1배

② 3배

③ 5배

④ 7배

38 다음 중 보관 장소가 나머지 재료와 크게 다른 재료는?

① 설탕

② 소금

③ 밀가루

④ 생이스트

39 계란 흰자의 조성과 가장 거리가 먼 것은?

① 오브알부민

② 콘알부민

③ 라이소자임

④ 카로틴

CBT 체험형 기출문제
제빵기능사

· 수험번호 :
· 수험자명 :

· 제한 시간 :
· 남은 시간 :

글자
크기

화면
배치

· 전체 문제 수 :
· 안 푼 문제 수 :

답안 표기란

40	①	②	③	④
41	①	②	③	④
42	①	②	③	④
43	①	②	③	④
44	①	②	③	④
45	①	②	③	④

40 정상적인 빵 발효를 위하여 맥아와 유산을 첨가하는 물은?

① 산성인 연수

② 중성인 아경수

③ 중성인 경수

④ 알칼리성인 경수

41 다음 중 일반적인 제빵 조합으로 틀린 것은?

① 소맥분+중조→밤만두피

② 소맥분+유지→파운드케이크

③ 소맥분+분유→건포도 식빵

④ 소맥분+계란→카스테라

42 패리노그래프에 관한 설명 중 틀린 것은?

① 흡수율 측정

② 믹싱시간 측정

③ 믹싱내구성 측정

④ 전분의 점도 측정

43 다음 중 연질 치즈로 곰팡이와 세균으로 숙성시킨 치즈는?

① 크림(Cream)치즈

② 로마노(Romano)치즈

③ 파마산(Parmesan)치즈

④ 카망베르(Camembert)치즈

44 소화 시 담즙의 작용은?

① 지방을 유화시킨다.

② 지방질을 가수분해한다.

③ 단백질을 가수분해한다.

④ 콜레스테롤을 가수분해 한다.

45 단백질 효율(PER)은 무엇을 측정하는 것인가?

① 단백질의 질

② 단백질의 열량

③ 단백질의 양

④ 아미노산 구성

CBT 체험형 기출문제

제빵기능사

· 수험번호:
· 수험자명:

· 제한 시간:
· 남은 시간:

글자
크기 100% 150% 200%

화면
배치

· 전체 문제 수:
· 안 푼 문제 수:

46 뼈를 구성하는 무기질 중 그 비율이 가장 중요한 것은?

① P:Cu

② Fe:Mg

③ Ca:P

④ K:Mg

47 다음 중 필수지방산의 결핍으로 인해 발생할 수 있는 것은?

① 신경통

② 결막염

③ 안질

④ 피부염

48 올리고당류의 특징으로 가장 거리가 <u>먼</u> 것은?

① 청량감이 있다.

② 감미도가 설탕의 20~30% 낮다.

③ 설탕에 비해 항충치성이 있다.

④ 장내 비피더스균의 증식을 억제한다.

49 다음 중 소화가 가장 잘 되는 달걀은?

① 생달걀

② 반숙 달걀

③ 완숙 달걀

④ 구운 달걀

50 동물성 지방을 과다 섭취하였을 때 발생할 가능성이 높아지는 질병은?

① 신장병

② 골다공증

③ 부종

④ 동맥경화증

CBT 체험형 기출문제

제빵기능사

• 수험번호:
• 수험자명:

• 제한 시간:
• 남은 시간:

글자
크기
100% 150% 200%

화면
배치

• 전체 문제 수:
• 안 푼 문제 수:

51 제과에 많이 사용되는 우유의 위생과 관련된 설명 중 옳은 것은?

① 우유는 자기살균작용이 있어 열처리된 우유는 위생상 크게 문제되지 않는다.

② 사료나 환경으로부터 우유를 통해 유해성 화학물질이 전달될 수 있다.

③ 우유의 살균 방법은 병원균 중 가장 저항성이 큰 포도상구균을 기준으로 마련 되었다.

④ 저온살균을 하면 우유 1mL당 약 10^2마리의 세균이 살아 남는다.

52 다음 중 조리사의 직무가 아닌 것은?

① 집단급식소에서의 식단에 따른 조리 업무

② 구매식품의 검수 지원

③ 집단급식소의 운영일지 작성

④ 급식설비 및 기구의 위생, 안전 실무

53 식품첨가물의 안전성 시험과 가장 거리가 먼 것은?

① 아급성 독성 시험법

② 만성 독성 시험법

③ 맹독성 시험법

④ 급성 독성 시험법

54 세균성 식중독에 관한 사항 중 옳은 내용으로만 짝지은 것은?

1. 황색포도상구균 (Staphylococcus aureus) 식중독은 치사율이 아주 높다.
2. 보틀리누스균(Clostridium botulinum)이 생산하는 독소는 열에 아주 강하다.
3. 장염 비브리오균(Vibrio parahaemolyticus)은 감염형 식중독이다.
4. 여시니아균(Yersinia enterocolitica)은 냉장온도와 진공 포장에서도 증식한다.

① 1, 2   ② 2, 3

③ 2, 4   ④ 3, 4

CBT 체험형 기출문제
제빵기능사
· 수험번호 :
· 수험자명 :

· 제한 시간 :
· 남은 시간 :

글자
크기 100% 150% 200%
화면
배치
· 전체 문제 수 :
· 안 푼 문제 수 :

답안 표기란				
55	①	②	③	④
56	①	②	③	④
57	①	②	③	④
58	①	②	③	④
59	①	②	③	④
60	①	②	③	④

55 제품의 포장용기에 의한 화학적 식중독에 대한 주의를 특히 요하는 것과 가장 거리가 먼 것은?

① 형광 염료를 사용한 종이 제품

② 착색된 셀로판 제품

③ 페놀수지 제품

④ 알루미늄박 제품

56 식중독균 등 미생물의 성장을 조절하기 위해 사용하는 저장방법과 그 예의 연결이 틀린 것은?

① 산소제거 - 진공포장 햄

② pH조절 - 오이피클

③ 온도 조절 - 냉동 생선

④ 수분활성도 저하 - 상온 보관 우유

57 대장균 O-157이 내는 독성물질은?

① 베로톡신

② 테트로도톡신

③ 삭시톡신

④ 베네루핀

58 투베르쿨린(tuberculin) 반응검사 및 X선 촬영으로 감염 여부를 조기에 알 수 있는 인수공통전염병은?

① 돈단독

② 탄저

③ 결핵

④ 야토병

59 저장미에 발생한 곰팡이가 원인이 되는 황변미 현상을 방지하기 위한 수분 함량은?

① 13% 이하

② 14~15%

③ 15~17%

④ 17% 이상

60 장티푸스에 대한 일반적인 설명으로 잘못된 것은?

① 잠복기간은 7~14일 이다.

② 사망률은 10~20% 이다.

③ 앓고 난 뒤 강한 면역이 생긴다.

④ 예방할 수 있는 백신은 개발되어 있지 않다.

MEMO

PART 4

:제빵기능사 해설&정답

CBT 체험형 기출문제

제빵기능사

• 수험번호:
• 수험자명:

• 제한 시간:
• 남은 시간:

글자
크기 100% 150% 200%　화면
배치

• 전체 문제 수:
• 안 푼 문제 수:

제1회 정답				
01 ③	02 ③	03 ③	04 ②	05 ③
06 ④	07 ①	08 ②	09 ①	10 ①
11 ①	12 ②	13 ④	14 ③	15 ①
16 ③	17 ③	18 ④	19 ②	20 ③
21 ①	22 ③	23 ④	24 ④	25 ③
26 ④	27 ④	28 ①	29 ④	30 ③
31 ③	32 ③	33 ②	34 ③	35 ①
36 ①	37 ③	38 ②	39 ③	40 ②
41 ④	42 ③	43 ②	44 ④	45 ①
46 ①	47 ①	48 ④	49 ③	50 ②
51 ③	52 ③	53 ④	54 ②	55 ③
56 ③	57 ①	58 ②	59 ④	60 ④

01
답 ③
해 스펀지 도우법의 스펀지 온도는 24℃이다.

02
답 ③
해 팬기름은 발연점이 높아야 한다.

03
답 ③
해 마이야르 반응 속도를 촉진시키는 순서는 과당 > 포도당 > 설탕 순서이다.

04
답 ②
해 펀치를 하는 이유는 반죽에 산소를 공급함으로써 이스트 활동에 활력을 주고, 반죽 표면과 반죽 내부 온도를 균일하게 하며, 발효시간을 단축시킨다.

05
답 ③
비상스트레이트법의 표준 온도는 30℃이다.

06
답 ④
해 빵, 과자는 뜨거우면 먹기 어려울뿐더러 뜨거울 때 포장하면 수분이 응축되므로 포장재는 단열성이 필요 없다.

07
답 ①
해 2차 발효가 과하면 오븐에서 오븐스프링의 영향을 많이 받지 않기 때문에, 옆면이 터지지 않는다.

CBT 체험형 기출문제
제빵기능사

• 수험번호 :
• 수험자명 :

• 제한 시간 :
• 남은 시간 :

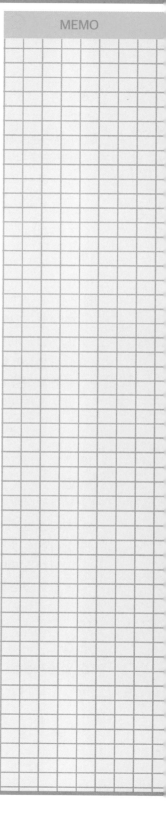

08

답 ②

해 도우 컨디셔너는 자동 제어 장치에 의해 반죽을 급속 냉동, 냉장, 완만한 해동, 2차 발효 등을 할 수 있는 다기능 제빵 기계이다.

09

답 ①

해 굽기 손실에 영향을 주는 요인으로는 배합률, 제품의 크기와 모양, 굽기 온도 등이 있다.

10

답 ①

해 오븐 온도가 높으면 색깔이 빨리 나며, 빵의 부피가 작고 껍질이 부스러지고 옆면이 약해지기 쉽다.

11

답 ①

해 빵의 부피를 키우기 위해 발효시간을 증가한다.

12

답 ②

해 ① 젖은 글루텐 함량(%) =
    젖은 글루텐 중량/밀가루
    중량 × 100
    ∴ 15/50 × 100 = 30 %
  ② 건조 글루텐 함량(%) = 젖은
    글루텐(%) ÷ 3 = 밀가루 단백
    질(%)
    ∴ 30 ÷ 3 = 10%
  따라서, 10%에 가까운 12%가 정답이다.

13

답 ④

해 연속식 제빵법의 장점으로는 설비 감소, 공장면적 감소, 인력 감소, 발효손실의 감소가 있다.

14

답 ③

해 2차 발효점은 완제품의 70~80%가 적당하다.

15

답 ①

  냉각 손실은 2% 정도가 적당하다.

CBT 체험형 기출문제

제빵기능사

· 수험번호:
· 수험자명:

· 제한 시간:
· 남은 시간:

글자
크기  100% 150% 200%

화면
배치

· 전체 문제 수:
· 안 푼 문제 수:

16

답 ③

해 160~180℃에서 캐러멜 반응
(당+열=갈색)과 마이야르 반응
(당+열+아미노산=갈색)에
의해 껍질이 갈색으로 변한다.

17

답 ③

해 160~180℃에서 캐러멜 반응
(당+열=갈색)과 마이야르 반응
(당+열+아미노산=갈색)에
의해 껍질이 갈색으로 변한다.
문제에서는 개시된다고 했기
때문에 150℃가 정답이다.

18

답 ④

해 렛다운 단계란 반죽의 신장성이
최대인 단계로, 틀을 사용하는
햄버거빵이나 잉글리시 머핀(영
국식 발효빵)이 해당된다.

19

답 ②

해 **얼음 사용량**

$$= \frac{물사용량 \times (수돗물온도 - 사용수온도)}{80 + 수돗물온도}$$

$$= \frac{10 \times (18 - 9)}{80 + 18} = 0.918kg$$

20

답 ③

해 빵 제품의 모서리가 예리하다는
것은 반죽이 단단하다는 뜻으로
발효가 부족한 어린 반죽에 해당
된다.

21

답 ①

해 믹싱 시, 충전물은 항상 마무리
단계에 넣어야 글루텐을 생성하
는데 영향을 미치지 않는다.

22

답 ③

해 손 분할 시, 분할 시간은 15~20
분이 적당하다.

23

답 ④

해 설탕 5% 증가 시, 흡수율이 1%
감소한다.

24

답 ④

해 성형의 범위에는 분할→둥글리
기→중간발효→정형→팬닝 이
렇게 5가지가 속한다.

CBT 체험형 기출문제
제빵기능사

• 수험번호 :
• 수험자명 :

• 제한 시간 :
• 남은 시간 :

글자
크기
100% 150% 200%

화면
배치

• 전체 문제 수 :
• 안 푼 문제 수 :

MEMO

25

답 ③

1인이 1시간 동안 모닝빵을 만드는 개수 = 1000÷3 = 333.3(개) 1500개를 1인이 작업하면, 1500 ÷333.3 = 4.5(시간), 4.5시간을 분으로 전환하면 4시간 30분 = 270분, 30분 근무 시 인원 수 270÷30 = 9명

26

답 ④

해 중간발효의 목적
① 글루텐 조직의 구조를 재정돈
② 가스 발생으로 반죽의 유연성 회복
③ 탄력성, 신장성 회복으로 밀어펴기 과정 중 찢어지지 않도록 함

27

답 ④

해동 온도가 낮으면 주저 앉지 않는다.

28

답 ①

해 불란서빵은 하스 브레드 계열로, 반죽에 탄력성을 최대로 만들어야 한다. 그러므로 식빵보다는 수분함량(가수율)을 줄인다.

29

답 ④

해 냉각 손실은 2% 정도가 적당하다.

30

답 ③

해 1차 발효의 습도는 70~80%로, 문제에 나와있는 습도를 보면 2차 발효를 묻는 문제이며, 2차 발효실의 온도와 습도의 일반적인 조건은 38℃, 85~90% 이다.

31

답 ③

해 32(%)×5/8(코코아 함량) = 20%

32

답 ③

해 탈지분유의 50%는 탄수화물인 유당이 차지한다.

CBT 체험형 기출문제

제빵기능사

· 수험번호:
· 수험자명:

· 제한 시간:
· 남은 시간:

글자
크기 100% 150% 200%
화면
배치

· 전체 문제 수:
· 안 푼 문제 수:

MEMO

33

답 ②

해 호밀가루는 펜토산 함량이 높아 반죽을 끈적이게 하고 글루텐의 탄력성을 약화시킨다.

34

답 ③

해 질소, 인산, 칼륨의 3대 영양소를 필요로 하는 이스트는 이스트에 부족한 질소 제공을 위해 암모늄염의 형태로 사용된다.

35

답 ①

해 모노글리세리드와 디 - 글리세리드의 글리세린은 3개의 수산기를 가지고 있어 물에 녹으므로, 지방산은 친유성, 글리세린은 친수성으로 유화작용을 한다.

36

답 ①

해 알부민은 물이나 묽은 염류 용액에 녹으며, 열과 강한 알코올에 응고된다. 흰자, 혈청, 우유가 속한다.

37

답 ③

해 제빵에서의 물의 기능
(1) 용매로서 당, 소금, 밀가루, 수용성 성분 등을 용해시켜 이스트 발효에 도움을 준다.
(2) 반죽 온도 및 농도를 조절한다.
(3) 밀가루 단백질은 물을 흡수하여 글루텐을 형성한다.
(4) 효소 활성화에 도움을 준다.

38

답 ②

52g속에 있는 노른자의 함량부터 구해야 한다.
52g × 0.33 = 17.16g이 달걀 하나에 들어있으므로,
500g ÷ 17.16 = 29.1개 이므로 올림하여 30개가 된다.

CBT 체험형 기출문제
제빵기능사

· 수험번호:
· 수험자명:

· 제한 시간:
· 남은 시간:

글자
크기
100% 150% 200%

화면
배치

· 전체 문제 수:
· 안 푼 문제 수:

MEMO

39

답 ③

해 콜레스테롤이란, 동물성 스테롤이며, 뇌신경 조직에 들어 있고, 담즙산(지방을 유화시키는 작용), 성 호르몬, 부신피질 호르몬 등의 주성분이다. 담즙산, 스테로이드 호르몬의 전구체로 다량 섭취 시 고혈압, 동맥 경화의 원인이 되며 자외선에 의해 비타민 D_3로 전환된다.

40

답 ②

달걀의 기능
1) 색깔 개선 및 영양성
2) 기포성(팽창기능) : 흰자의 단백질에 의해 거품이 일어나는 성질
3) 결합제 역할 : 단백질이 열에 의해 응고되어 농후화제의 역할
4) 쇼트닝 효과(유화성) : 노른자의 인지질인 레시틴이 유화제로 작용

41

답 ④

해 ① 올리고당은 장내 비피더스균 생육 인자이다.
② 제과에서 많이 쓰이는 럼은 당밀을 발효하여 만든 술이다.
③ 아스파탐은 설탕의 200배의 단맛을 갖는 감미료이다.

42

답 ②

해 대표적인 포화지방산으로 팔미트산, 스테아르산, 뷰티르산이 있다.

43

답 ②

해 대사산물이란 물질대사의 중간 생성물을 뜻하며, 지방산은 산화 과정을 거쳐서 모두 아세틸 CoA를 생성한 후, TCA 회로를 거쳐 1g당 9kcal의 에너지를 방출하고 이산화탄소와 물이 된다.

44

답 ③

해 밀가루의 아미노산인 리신과 콩의 트립토판이 상호보충 작용을 하여 필수 아미노산이 강화된다.

CBT 체험형 기출문제
제빵기능사

· 수험번호 :
· 수험자명 :

· 제한 시간 :
· 남은 시간 :

글자
크기 100% 150% 200%

화면
배치

· 전체 문제 수 :
· 안 푼 문제 수 :

45
답 ①
해 당질이 혈액 내에 존재하는 형태는 포도당이며 글루코오스는 포도당의 화학명이다.

46
답 ①
② 펩신 : 단백질 분해효소로 위액에 존재한다.
③ 아미노펩티다아제 : 최종적으로 아미노산을 분해하는 효소이다.
④ 카르복시펩티다아제 : 이자액에서 분해되는 프로카르복시펩티다아제의 활성형이다.

47
답 ①
해 탄수화물 섭취의 부족에 의해 케톤체를 만든다.

48
답 ④
해 단백질은 질병에 대한 저항력을 지닌 항체를 만드는데 꼭 필요한 영양소이다.

49
답 ③
해 유당불내증이란 체내에 유당을 분해하는 효소로 락타아제가 결여되어 우유 중 유당을 소화하지 못하는 증상으로 복부경련 및 설사, 메스꺼움을 동반한다. 유당불내증이 있는 사람에게는 우유나 크림소스 보다는 발효 된 요구르트가 더 좋다.

50
답 ②
부갑상선호르몬은 주로 뼈와 신장, 장에서 작용하며 비타민D와 상호작용한다. 뼈에서 혈액으로 칼슘 이동을 증가시키고 위장관과 신장에서 칼슘 흡수를 촉진시킨다.

51
답 ③
리스테리아는 냉장온도에서도 증식이 가능하여 육류, 가금류 외에도 열처리 하지 않은 우유나 아이스크림, 채소 등을 통해서도 식중독을 일으키며 태아나 임신부에 치명적인 식중독 세균이다.

CBT 체험형 기출문제
제빵기능사

• 수험번호 :
• 수험자명 :

• 제한 시간 :
• 남은 시간 :

글자
크기   100% 150% 200% 화면
배치

• 전체 문제 수 :
• 안 푼 문제 수 :

MEMO

52

답 ③

해 교차 오염이란 오염된 물질과의 접촉으로 인해 비오염 물질이 오염되는 것이다. 칼과 도마 등의 조리 기구나 용기, 앞치마, 고무장갑 등은 원료나 조리 과정에서의 교차 오염을 방지하기 위하여 식재료 특성 또는 구역별로 구분하여(식자재 및 비식자재 구분) 사용하며 수시로 세척 및 소독을 하여야 한다. 식품 취급 등의 작업은 바닥으로부터 60cm 이상의 높이에서 실시하여 바닥으로부터의 오염을 방지하고, 작업 흐름을 일정한 방향으로 배치한다. 조리가 완료된 식품과 세척 및 소독 된 배식 기구 및 용기 등의 위생관리를 실시한다.
용도에 따라 도마를 다르게 사용한다.

53

답 ④

해 부패란 단백질의 변질이며 방지하기 위한 방법으로 냉동보관, 보존료 첨가, 자외선 살균이 있다.

54

답 ②

해 휘발성염기질소(VBN)는 부패를 확인하는 방법이다.

55

답 ②

해 식품의약품안전청장이 식품위생법에서 식품 등의 공전을 작성 및 보급한다.

56

답 ③

해 변질되기 쉬운 식품을 생산지로부터 소비자에게 전달하기까지 저온으로 보존하는 시스템을 저온유통체계라고 한다.

57

답 ①
작업공간의 살균에는 일광소독인 자외선 살균이 적합하다.

58

답 ②

해 돼지고기 : 유구조충(갈고리 촌충)
소고기 : 무구조충(민촌충)

CBT 체험형 기출문제
제빵기능사

· 수험번호:
· 수험자명:

· 제한 시간:
· 남은 시간:

글자
크기   100% 150% 200% 화면 배치

· 전체 문제 수:
· 안 푼 문제 수:

MEMO

59

답 ④

해 펩티드 결합의 분해는 아미노산
의 분해로 미생물 증식 억제와
관련 없다.

60

답 ④

해 화장실 사용 시 위생모와 앞치마
는 착용하지 않으며, 설사는 전
염병이 아니다. 식품 취급 시 장
신구를 착용하지 않는다.

제2회 정답				
01 ④	02 ①	03 ③	04 ①	05 ③
06 ②	07 ①	08 ②	09 ③	10 ③
11 ②	12 ③	13 ③	14 ①	15 ②
16 ④	17 ③	18 ④	19 ④	20 ③
21 ①	22 ③	23 ②	24 ③	25 ③
26 ②	27 ④	28 ③	29 ①	30 ②
31 ①	32 ①	33 ③	34 ①	35 ②
36 ④	37 ②	38 ②	39 ②	40 ②
41 ①	42 ③	43 ①	44 ②	45 ①
46 ②	47 ④	48 ①	49 ③	50 ①
51 ①	52 ②	53 ②	54 ④	55 ②
56 ③	57 ②	58 ②	59 ②	60 ④

01

답 ④

해 자동화 시설을 갖췄으므로 설비
및 공장면적, 인력이 감소 된다.

02

답 ①

소규모 제과점에 적합한 믹서는
수직형 믹서로 버티컬 믹서라고
도 한다.

CBT 체험형 기출문제

제빵기능사

• 수험번호 :
• 수험자명 :

• 제한 시간 :
• 남은 시간 :

글자
크기

100% 150% 200%

화면
배치

• 전체 문제 수 :
• 안 푼 문제 수 :

MEMO

03

답 ③

해 이스트가 제일 활발한 온도는 28-32℃이며, 20℃부터 서서히 증식 한다. 더 낮은 온도에서는 이스트가 증식을 잘 하지 못하므로 냉동반죽은 보관하였다가 필요할 때 사용하는 반죽이므로 이스트의 활동을 억제하기 위해서 반죽의 온도를 낮춘다.

04

답 ①

완제품 무게
= 400 × 200 = 80,000g

총반죽 무게
= 완제품 무게 ÷ (1 - 손실)
= 80,000 ÷ (1 - 2%) ÷ (1 - 12%)
(2%와 12%는 100으로 나눈다.)
= 80,000 ÷ (1 - 0.02) ÷ (1 - 0.12)
= 80,000 ÷ 0.98 ÷ 0.88 = 92,764,37g

밀가루 무게(g)

$$\frac{총 재료무게 \times 밀가루배합률}{총배합률} =$$

$$\frac{92,764,37\,(g) \times 100\,(\%)}{180\%}$$

= 51,535,76kg

05

답 ③

해 2차 발효는 습도와 온도, 반죽의 상태에 따라 시간보다는 상태를 판단하여 굽기를 진행하는 것이 좋다.

06

답 ②

해 저율배합은 계란, 설탕, 유지 함량이 적어 수분을 보유할 수 있는 능력이 떨어진다. 그러므로 저율배합 보다는 고율배합이 더 적합하다.

07

답 ①

해 미국 분유 협회가 개발한 방법인 아드미법은 액종법에 있는 제빵법이다.

08

답 ②

해 스펀지 도우법의 스펀지 반죽을 발효시키는 동안 스펀지 내부의 온도 상승은 4~6℃가 바람직하다.

CBT 체험형 기출문제
제빵기능사
· 수험번호:
· 수험자명:

· 제한 시간:
· 남은 시간:

글자
크기
 100%
 150%
 200%
화면
배치

· 전체 문제 수:
· 안 푼 문제 수:

MEMO

09

답 ③

해 사용할 물 온도 =
(희망온도×3) − (실내 온도 +
밀가루 온도 + 마찰계수) =
(27×3) − (20 + 20 + 30) = 11℃

10

답 ③

해 반죽의 흡수율에 영향을 주는 요
인으로 밀가루 단백질 1% 증가
시, 수분 흡수율은 1.5~2% 증가
한다. 따라서, 2% 증가된 밀가루
사용 시 3%가 증가한다.

11

답 ②

미국식 데니시 페이스트리 제조
시 반죽무게에 대한 충전용 유지
(롤인유지)의 사용 범위로 가장
적합한 것은 20~40%이다.

12

답 ③

비용적 : 단위 질량을 가진 물체
가 차지하는 부피이며, 반죽 1g
당 부푸는 부피이며, 산형 식빵
의 비용적은 3.2~3.4cm³ 이며,
풀만 식빵의 비용적은
3.3~4.0cm³이다.

13

답 ②

산화제와 환원제를 함께 사용하
여 믹싱시간과 발효시간을 감소
시키는 제빵법은 노타임 반죽법
이다.

14

답 ①

해 굽기 직전의 발효실의 습도가 높
으면 반죽 표피에 수포가 생긴
다.

15

답 ②

해 철판의 온도는 32℃가 적당하다.

16

답 ④

해 브레이크와 슈레드 부족 현상
① 발효 부족
② 발효 과다
③ 2차 발효실의 습도 부족
④ 너무 높은 오븐 온도

CBT 체험형 기출문제
제빵기능사

• 수험번호 :
• 수험자명 :

• 제한 시간 :
• 남은 시간 :

글자
크기

화면
배치

• 전체 문제 수 :
• 안 푼 문제 수 :

17

답 ③

해 대부분의 배합은 밀가루 양이 100%로 기준이 되며, 이를 베이커스 퍼센트(Baker's percent(%))라고 한다.

18

답 ④

해 전분의 노화는 오븐에서 나오자마자 시작한다.

19

답 ④

해 기계식 분할은 무게가 아닌 부피에 의한 기준이 된다.

20

답 ③

해 탈지분유는 제빵에서 완충 역할을 한다.

21

답 ①

해 마찰계수 =

(반죽 결과 온도×3) - (실내온도 +밀가루온도+사용수온도)

물 온도 =

(희망 온도×3) -

(실내온도+밀가루온도+ 마찰계수)

얼음 사용량 =

$$\frac{물사용량 \times (수돗물온도 - 사용수온도)}{80 + 수돗물온도}$$

22

답 ③

해 ppm의 단위는 1/1,000,000이므로30/1,000,000×100 = 0.003%이다.

23

답 ②

해 둥글리기의 목적

① 분할로 흐트러진 글루텐의 구조를 정돈

② 반죽 표면에 엷은 표피를 형성시켜 끈적거림을 제거

③ 분할에 의한 형태의 불균일을 일정한 형태로 만들어 다음 공정인 정형을 쉽게 함

④ 중간발효 중에 새로 생성되는 이산화탄소 가스를 보유할 수 있는 표피를 만듦

CBT 체험형 기출문제

제빵기능사

· 수험번호 :
· 수험자명 :

· 제한 시간 :
· 남은 시간 :

글자
크기 100%   150%   200%

화면
배치

· 전체 문제 수 :
· 안 푼 문제 수 :

24

답 ③

해 발전 상태는 반죽의 탄력성이 최대인 단계이다.

25

답 ③

해 오븐라이즈(Oven Rise)란 반죽 내부의 온도가 60℃에 이르지 않는 상태를 말한다.

26

답 ②

해 냉동 반죽법 에서의 1차 발효는 0-20분으로 생략할 수 있다.

27

답 ④

해 마찰열에 의해 반죽 온도가 높아지며, 이것을 마찰계수라고 한다.

28

답 ③

해 글루텐을 형성하는 주 단백질에는 글루테닌과 글리아딘이 있다.

29

답 ①

해 발효에 관여하는 요인으로는 이스트의 양, 반죽 온도, 반죽의 pH, 삼투압, 이스트 푸드가 있다.

30

답 ②

해 소프트 롤의 '롤'은 소형빵을 의미하며, 부드러운 소형빵을 찾는 문제이다. 프렌치 롤은 하드 롤에 속한다.

31

답 ①

해 당을 분해하여 이산화탄소와 알코올을 생성한다.

CBT 체험형 기출문제
제빵기능사

• 수험번호:
• 수험자명:

• 제한 시간:
• 남은 시간:

글자
크기
100% 150% 200%

화면
배치

• 전체 문제 수:
• 안 푼 문제 수:

MEMO

32

답 ①

해 **신선한 달걀의 특징**

1) 껍데기가 거칠고 윤기가 없음

2) 밝은불에 비췄을 때 속이 밝으며 노른자가 구형 인 것(등불검사)

3) 6~10% 소금물에 담갔을 때 가로로 가라 앉는 것(비중 1.08)

4) 기실이 없을 것

5) 노른자의 높이가 높으며 신선한 달걀의 난황계수는 0.36~0.44

33

답 ②

해 피자 제조시 많이 사용하는 향신료는 오레가노이다.

34

답 ①

해 밀가루의 등급이 낮을수록 패리노그래프의 흡수율은 증가하나 반죽시간과 안정도는 감소한다.

35

답 ②

해 포장한 밀가루는 23~27℃의 밝고 공기가 잘 통하는 저장실에서 약 2~3개월 숙성시키면 호흡 기간이 끝나 제빵 적성이 좋아진다.

36

답 ④

식품에 사용하는 향료는 후각 신경을 자극하여 특유의 방향을 느끼게 함으로써 식욕을 증진시키는 첨가물로 품질, 규격 및 사용법을 준수해야 한다.

37

답 ②

해 유당은 포유동물의 젖 중에 자연 상태로 존재한다.

38

답 ②

해 펙틴은 과일과 식물의 조직 속에서 존재하는 다당류의 일종으로 설탕농도가 50% 이상이고, 산성(pH2.8-5.2) 일 때 잼이나 젤리를 만들 수 있다.

CBT 체험형 기출문제

제빵기능사

• 수험번호 :
• 수험자명 :

• 제한 시간 :
• 남은 시간 :

글자
크기 (-) 100% (M) 150% (+) 200% 화면
배치 □□ □| |□ □

• 전체 문제 수 :
• 안 푼 문제 수 :

MEMO

39

답 ②

해 베이킹파우더 무게의 12% 이상
의 유효 이산화탄소 가스가 발생
되어야 하므로
$100g \times 12\% = 12g$이다.

40

답 ②

유지에 알칼리를 가할 때 일어나
는 반응을 비누화라고 한다.

41

답 ①

해 기름을 재가열 할 경우 거품이
쉽게 일어나고 발연점이 낮아진
다.

42

답 ③

해 반죽에 사용하는 물이 연수 일
때는 설탕을 사용하면 반죽이 더
질어져, 포도당을 더 증가 시킨
다.

43

답 ①

해 리놀레산, 리놀렌산, 아라키돈산
등의 필수 지방산은 식물성 유지
인 콩기름에 많이 함유되어 있
다.

44

답 ②

해 필수 아미노산 중 상대적으로 요
구량에 비해 함량이 적어 결핍되
기 쉬운 아미노산들을 뜻한다.
제일 많이 결핍되기 쉬운 아미노
산을 제1 제한아미노산, 두 번째
로 결핍되는 아미노산을 제2 제
한아미노산이라 한다. 제1 제한
아미노산에는 라이신과 트립토
판이 있으며, 제2 제한아미노산
에는 트레오닌이 있다.

45

답 ①

해 위에서 영양소의 흡수보다는 분
해가 일어난다.

CBT 체험형 기출문제

제빵기능사

· 수험번호 :
· 수험자명 :

· 제한 시간 :
· 남은 시간 :

MEMO

46
답 ②

해 트립토판 60mg은 체내에서 나이아신 1mg으로 바뀐다. 즉, 360mg의 트립토판은 6mg의 나이아신으로 바뀐다.

47
답 ④

2000kcal 중 탄수화물은 55~70%이므로 2000×0.6(평균60%)=1200 kcal 이다.

즉, 2000kcal 중 1100~1400kcal 는 탄수화물을 섭취해야 한다. 그런데 보기에는 칼로리가 아닌 그람(g)으로 표시가 되어 있다. 그러므로 1200kcal를 그람(g)으로 바꾼다면 탄수화물은 1g당 4kcal 이므로 1200÷4=300g이 된다.

∴ 탄수화물 적정 섭취량은 275-350g이다.

48
답 ①

해 1~2세 유아는 성인에 비해 단백질 권장량이 더 많다.

49
답 ③

수산은 시금치에 많이 들어있으며, 칼슘의 흡수를 방해한다.

50
답 ①

해 비타민 C가 많이 함유된 식품으로는 딸기, 감귤류, 풋고추 등이 있다.

51
답 ①

해 경구 감염병은 음식물이나 손을 통해 입으로 감염되는 감염병이다.

52
답 ②

해 세균(0.95) > 효모(0.87) > 곰팡이(0.80)

53
답 ②

해 판매장소와 공장의 면적배분 (판매2 : 공장1)의 비율로 구성되는 것이 바람직하다.

CBT 체험형 기출문제

제빵기능사

· 수험번호 :
· 수험자명 :

· 제한 시간 :
· 남은 시간 :

· 전체 문제 수 :
· 안 푼 문제 수 :

MEMO

54

답 ④

해 식품 또는 식품첨가물을 채취, 제조, 가공, 조리, 저장, 운반 또는 판매하는 직접 종사자들이 정기 건강 진단을 받아야하는 주기는 1년에 1회이다.

55

답 ②

해 가열 살균법 중 저온 장시간 살균법(LTLT)은 60~65℃에서 30분간 가열하며 주로 우유의 살균에 많이 이용한다.

56

답 ③

해 식품첨가물을 수입할 경우 보건복지부 장관에게 신고한다.

57

답 ②

해 발진티푸스는 위생 해충 매개 감염병이다.

58

답 ②

해 파상열은 세균성 인수공통감염병이다.

59

답 ②

해 이 문제는 보기가 영어로만 나온다.
아플라톡신은 쌀에 곰팡이가 침입하여 독소생성 및 누렇게 변하는 현상으로 메주의 메주의 노란 곰팡이는 아플라톡신이다.

60

답 ④

해 소포제는 거품을 꺼트리는 역할을 한다.

CBT 체험형 기출문제

제빵기능사

· 수험번호 :
· 수험자명 :

· 제한 시간 :
· 남은 시간 :

글자 크기 100%   150%   200% 화면 배치

· 전체 문제 수 :
· 안 푼 문제 수 :

제3회 정답				
01 ②	02 ①	03 ③	04 ④	05 ②
06 ①	07 ②	08 ④	09 ②	10 ④
11 ①	12 ②	13 ③	14 ③	15 ②
16 ③	17 ②	18 ②	19 ②	20 ④
21 ④	22 ②	23 ①	24 ④	25 ②
26 ④	27 ①	28 ③	29 ③	30 ④
31 ②	32 ②	33 ②	34 ③	35 ①
36 ①	37 ②	38 ④	39 ④	40 ④
41 ③	42 ④	43 ④	44 ①	45 ①
46 ③	47 ④	48 ④	49 ②	50 ④
51 ②	52 ③	53 ③	54 ④	55 ④
56 ④	57 ①	58 ③	59 ①	60 ④

01

답 ②

해 효소를 첨가함으로써 반죽을 부드럽게 하여 팬 흐름성을 좋게 한다.

02

답 ①

해 오븐 내에서 뜨거워진 공기를 강제 순환시키는 열전달 방식은 대류법이다.

03

답 ③

해 식빵 밑바닥이 움푹 패이는 결점
① 2차 발효 과다 및 습도가 높음
② 팬의 기름칠 부적당
③ 오븐 바닥열이 강함
④ 팬 바닥에 구멍이 없거나, 수분이 있음

04

답 ④

해 과발효 된 반죽은 구운 후에도 부피가 크다.

05

답 ②

해 냉동 반죽의 냉동은 급속 냉동이 좋으며 해동은 완만해동이 좋다.

06

답 ①

해 반죽이 받아야 하는 열을 제대로 받지 못하면, 오븐스프링이 일어나기가 어렵고 2차 발효가 지나친 것과 같은 현상이 나타난다.

CBT 체험형 기출문제

제빵기능사

• 수험번호:
• 수험자명:

• 제한 시간:
• 남은 시간:

글자 크기 100% 150% 200%

화면 배치

• 전체 문제 수:
• 안 푼 문제 수:

07

답 ②

해 이스트는 60℃에서 사멸한다.

08

답 ④

해 냉각 시 적정 수분함량은 38%이며, 온도는 35~40℃이다.

09

답 ②

해 빵 반죽 발효 시 이산화탄소는 가스를 발생하고, 알코올은 특유의 향을 낸다.

10

답 ④

해 노타임 반죽법에 사용되는 산화제는 브롬산칼륨, 요오드칼륨이 있고, 환원제로는 L-시스테인, 소르브산, ADA 가 있다.

11

답 ①

해 1차 발효가 짧은 반죽은, 중간 발효 시간을 늘려준다.

12

답 ②

해 발효 시 가장 먼저 발효되는 당은 포도당이다.

13

답 ③

해 하나의 스펀지 반죽으로 2~4개의 도우(dough)를 제조하는 방법은 마스터 스펀지법이다.

14

답 ③

해 냉동 반죽은 -40℃의 급속냉동으로 동결하며, 저장 시 온도는 -18℃이다.

15

답 ②

해 이스트의 효소활성이 60℃까지 계속되며, 아밀라아제는 적정 온도 범위 내에서 10℃ 상승에 따라 그 활성이 2배가 된다.

CBT 체험형 기출문제
제빵기능사
· 수험번호 :
· 수험자명 :

· 제한 시간 :
· 남은 시간 :

글자
크기 100% 150% ⊕ 200% 화면 배치

· 전체 문제 수 :
· 안 푼 문제 수 :

16
답 ③

해 160~180℃에서 캐러멜 반응 (당+열=갈색)과 마이야르 반응 (당+열+아미노산=갈색)에 의해 껍질이 갈색으로 변한다.

17
답 ②

해 식빵 제조 시 반죽 온도에 가장 큰 영향을 주는 요인은 물이지만, 보기에는 물이 없으므로 제일 많이 차지하는 밀가루가 해당된다.

18
답 ②

해 1차 발효실의 적정 온도는 27℃, 습도는 75~80%이며 발효실 온도가 24℃일 경우, 발효시간을 더 연장시켜야 한다.

19
답 · ②

해 2차발효실의 온도와 습도의 일반적인 조건은 38℃, 85~90%이며, 식빵 및 단과자빵류는 38~40℃, 85~90%, 하스 브레드류는 32℃, 75~80%, 도넛류는 32~35℃, 75%, 데니시 페이스트리는 30~32℃, 75~80%이다.

20
답 ④

냉동반죽을 급속냉동 하게 되면, 표면에 물이 생기지 않는다.

21
답 ④

해 맛은 내부 평가에 해당된다.

22
답 ②

해 식빵틀 구하는 공식=

$$\frac{윗면가로 + 밑면가로}{2} \times$$

$$\frac{윗면세로 + 밑면세로}{2} \times 높이$$

$$\frac{380 + 370}{2} \times \frac{110 + 105}{2} \times 120$$

= 4,837,500
단위를 바꾸면 4837.5㎤가 된다.

CBT 체험형 기출문제

제빵기능사

· 수험번호 :
· 수험자명 :

· 제한 시간 :
· 남은 시간 :

23

답 ①

해 빵반죽에 알맞은 물은 아경수 이
며, 반죽온도가 5℃ 증가함에 따
라 흡수율은 3% 감소한다. 유화
제 사용량이 많으면 흡수율은 증
가한다.

24

답 ④

해 롤인 유지 함량이 많은 것이 롤
인 유지 함량이 적은 것보다 접
기 횟수가 증가함에 따라 부피가
증가하다가 최고점을 지나면 감
소하는 현상이 서서히 나타난다.

25

답 ②

해 하스(hearth) : 빵, 케이크를 구울
때 밑에서부터 열을 전달하는 오
븐의 구움대를 의미
하스 브레드 : 철판이나 틀을 사
용하지 않고 오븐의 바닥에 직접
얹어 구운 빵으로 종류로는 프랑
스빵(불란서빵), 하드롤, 비엔나
빵, 아이리시빵 등 서구식 빵이
여기에 속한다.

26

답 ④

해 둥글리기의 목적
① 분할로 흐트러진 글루텐의 구
조를 정돈
② 반죽 표면에 엷은 표피를 형
성시켜 끈적거림을 제거
③ 분할에 의한 형태의 불균일을
일정한 형태로 만들어 다음
공정인 정형을 쉽게함
④ 중간발효 중에 새로 생성되는
이산화탄소 가스를 보유할 수
있는 표피를 만듦

27

답 ①

해 냉각을 너무 오래한 식빵은 노화
가 많이 일어나서 빨리 딱딱해진
다.

28

답 ③

해 믹서는 믹서 용량의 70%에 해당
하는 반죽만 사용해야 고장나지
않는다. 따라서, 10kg을 혼합할
때는 10kg에서 70%를 늘린
17kg이 적정하며, 보기에는
15kg이므로 15kg가 정답이 된
다.

CBT 체험형 기출문제
제빵기능사

· 수험번호 :
· 수험자명 :

· 제한 시간 :
· 남은 시간 :

글자 크기 100% 150% ⊕ 200%   화면 배치 ▭ ▯▯ ▯

· 전체 문제 수 :
· 안 푼 문제 수 :

29

답 ③

해 계란 노른자에 가장 많은 것은 지방이며, 계란흰자는 대부분이 물이고 그 다음 많은 것이 단백질이며, 계란은 노른자보다 흰자의 중량이 더 크다. 계란 껍질의 까슬까슬한 부분은 탄산칼슘으로 이루어져 있다.

30

답 ④

해 β-아밀라아제는 당화효소 또는 외부 아밀라아제라고도 한다.

31

답 ②

해 ① 한천 : 끓는 물에 용해
③ 젤라틴 : 35℃이상부터 끓는 물에 용해
④ 펙틴 : 고온에서 녹음

32

답 ②

해 유지의 가소성은 지방의 종류와 양에 의해 결정되는데 지방은 지방산 3분자와 1분자의 글리세린으로 결합된 트리글리세리드이다.

33

답 ②

해 레몬즙은 머랭을 만들 때, 사용하면 흰자의 구조가 튼튼해지고 더 하얗게 만든다.

34

답 ③

해 제과용 밀가루로는 박력분이 알맞으며 박력분의 단백질 함량은 7~9%, 회분 함량은 0.4%가 적절하다.

35

답 ①

해 포도당은 결정형일 때 감미도가 높다.

36

답 ①

해 이스트 푸드의 역할 중 환원제는 산화제와 반대 효과를 내며, 산화제가 S-S 결합의 형성을 촉진하는 데 반해, 환원제는 이 과정을 방해하여 글루텐을 연화시킨다.

글자
크기 100% 150% 200%

화면
배치

• 전체 문제 수:
• 안 푼 문제 수:

37
답 ②
해 건조 글루텐 함량(%) = 젖은 글루텐(%) ÷ 3 = 밀가루 단백질(%)

38
답 ④
　생이스트는 반드시 냉장 보관한다.

39
답 ④
해 카로틴은 밀가루 내배유에 천연 상태로 존재하는 색소 물질이다.

40
답 ④
해 경수는 발효가 지연되므로, 맥아를 첨가하여 발효를 돕고, 알칼리성인 물을 약산성으로 바꾸기 위하여 유산을 첨가한다.

41
답 ③
해 빵의 필수 재료에는 밀가루, 물, 이스트, 소금이 있다. 그러므로 분유가 아닌 이스트의 조합이 맞다.

42
답 ④
해 전분의 점도를 측정하는 그래프는 아밀로 그래프이다.

43
답 ④
　카망베르 치즈는 프랑스가 원산지인 연질 치즈로, 곰팡이와 세균으로 숙성시킨 치즈이다.

44
답 ①
해 췌액의 아밀라아제에 의해 전분이 맥아당으로 분해가 되고, 지방은 담즙에 의해 유화된다.

45
답 ①
해 단백질 효율이란 단백질의 질을 측정하는 것이다.

46
답 ③
　뼈를 구성하는 무기질 중 칼슘(Ca)과 인(P)이 2 : 1 비율을 이루고 있다.

CBT 체험형 기출문제
제빵기능사

• 수험번호:
• 수험자명:

• 제한 시간:
• 남은 시간:

글자
크기 100% 150% 200%

화면
배치

• 전체 문제 수:
• 안 푼 문제 수:

47

답 ④

해 필수지방산의 결핍 시 피부염, 성장 지연, 시각기능 장애, 생식 장애가 있다.

48

답 ④

해 올리고당은 설탕보다 감미도가 낮아서 설탕 대체용품으로 각광받고 있으며 비피더스균의 증식 효과, 칼슘 흡수 증진 기능, 장기능 개선, 청량감 부여 등의 효과가 있는 것으로 알려져 있다. 올리고당은 소화 효소에 의해 분해되지 않고 대장에 도달되어 발효하는 특징이 있다.

49

답 ②

해 달걀은 완전히 익히지 않은 반숙이 소화가 빠르다.

50

답 ④

해 동물성 지방을 과다 섭취하면 혈중 콜레스테롤이 쌓여 동맥경화증이 생긴다.

51

답 ②

해 우유는 사료나 환경으로부터 우유를 통해 유해성 화학물질이 전달될 수 있다.

52

답 ③

해 조리사의 직무
1) 집단급식소에서의 식단에 따른 조리 업무
2) 구매식품의 검수 지원
3) 급식설비 및 기구의 위생, 안전 실무

53

답 ③

해 식품첨가물 안전성 시험에는 아급성 독성 시험법, 만성 독성 시험법, 급성 독성 시험법이 있다.

54

답 ④

해 황색 포도상구균이 생산하는 독소는 열에 아주 강하며 보툴리누스균은 치사율이 아주 높다.

CBT 체험형 기출문제

제빵기능사

· 수험번호 :
· 수험자명 :

· 제한 시간 :
· 남은 시간 :

글자
크기 100% 150% 200%

화면
배치

· 전체 문제 수 :
· 안 푼 문제 수 :

MEMO

55

탑 ④

해 알루미늄박은 알루미늄을 아주
얇게 늘여 만든 판으로 내식성이
뛰어나고 인체에 해가 없어서 포
장재, 단열재로 쓰인다.

56

탑 ④

해 우유는 냉장고에서 보관한다.

57

탑 ①

해 베로톡신은 대장균 O - 157이 내
는 독소로, 열에 약하지만 저온
과 산에 강하며, 주 증상은 복통,
설사, 구토, 때때로 발열 등이다.

58

탑 ③

해 결핵은 병에 걸린 소의 젖의 유
제품에 의해 사람에게 경구 감염
되며 BCG 예방 접종을 통해 예
방해야 하며, 투베르쿨린
(tuberculin) 반응검사 및 X선 촬
영으로 감염 여부를 조기에 알
수 있다.

59

탑 ①

해 수분 함량 13% 이하에서 미생물
의 증식이 억제 된다.

60

탑 ④

해 장티푸스는 예방 접종으로 예방
할 수 있다.

MEMO

PART 5
:핵심요약노트

📢 **활용법**

1. 정답지를 먼저 암기한다.

2. 암기를 잘 하였는지 빈 공간에 쓰면서 나를 테스트 해본다.

3. 틀린 내용이 있으면 다시 암기해서 외운다.

4. 시험장에서 시험 직전에 한 번 정리하는 느낌으로 훑어본다.

📢 **주의사항**

이것만 암기한다고 해서 합격하기는 매우 어렵습니다.

이 내용들은 제과·제빵 기능사 필기 시험을 준비하면서 반드시 알아야 하는 부분으로 기본적으로 꼭 알아야하는 내용이오니, 반드시 숙지하여 주십시오.

I. 빵류 재료

01 소규모 제과점에서 많이 사용하는 믹서?

✎

답 수직믹서

02 자동분할기는 반죽을 중량 감안한 (   )에 의해 자동분할

✎

답 부피

03 둥글리기를 해주는 기계?

✎

답 라운더

04 중간발효를 다른말로 2가지?

✎

답 벤치타임, 오버헤드프루프

05 소규모 제과점에서 주로 사용하는 오븐?

✎

답 데크오븐

06 입구와 출구가 다르고 대량공장에서 주로 사용하는 오븐?

✍

📋 터널오븐

07 스펀지도우법의 스펀지 온도?

✍

📋 24℃

08 스펀지도우법의 도우 온도?

✍

📋 27℃

09 스펀지 발효 완료 시점?
- 처음부피의 (   )배
- 핀홀 현상
- 발효 시간 (   )

✍

📋 4~5, 3~4시간 반

10 액체 제빵법(액종법)은 (   )로 발효 확인을 할 수 있음

✍

📋 pH

11 냉동반죽법의 1차발효 시간?

✍

📋 0~20분

12 냉동반죽법의 급속 냉각 온도?

✍

📋 -40℃

13 냉동반죽법의 조치사항 3가지?

✍

📋 강력분사용, 이스트 2배, 산화제사용

14 믹싱의 6단계 중 반죽이 혼합되며 재료가 수화되는 단계?

✍

📋 픽업 단계

15 믹싱의 6단계 중 탄력성이 최대인 단계?

✍

📋 발전 단계

16 믹싱의 6단계 중 글루텐이 형성되기 시작하는 단계?

✍

🅐 클린업 단계

17 렛다운단계까지 믹싱해야하는 빵?

✍

🅐 잉글리시머핀, 햄버거빵(틀사용)

18 1차발효의 온도와 습도?

✍

🅐 27℃, 75-80%

19 소금 (　　)%이상 사용시 발효 저해

✍

🅐 1

20 설탕 (　　)%이상 사용시 발효 저해

✍

🅐 5

21 일반적인 발효 손실?

✍

🅐 1~2%

22 펀치의 목적 3가지?

✍

🅐 이스트 활성화 촉진, 반죽온도 균일화, 발효시간 단축

23 성형의 5단계?

✍

🅐 분할, 둥글리기, 중간발효, 정형, 팬닝

24 비용적이란?

✍

🅐 반죽 1g당 부푸는 부피

25 산형식빵의 비용적?

✍

🅐 3.2~3.4cm³/g

26 팬닝 시 팬의 온도?

✍

🅐 32℃

27 팬오일의 조건 3가지?

✍

🅐 발연점이 높을 것, 산패가 쉬운 지방산이 없을 것, 반죽 무게 0.1~0.2% 사용

28 오븐스프링이란?

✍

🈁 반죽온도가 49℃에 도달하면 처음 크기의 약 1/3 정도 팽창하고, 60℃가 되면, 오븐스프링은 멈추고 전분이 호화되고, 이스트가 사멸함

29 오븐라이즈란?

✍

🈁 빵의 내부온도가 60℃에 도달하지 않는 상태

30 오버베이킹이란?

✍

🈁 저온 장시간 굽기, 고율배합

31 캐러맬화 반응의 온도?

✍

🈁 160-180℃

32 빵의 냉각 온도와 수분함량?

✍

🈁 35~40℃ , 수분 38%

33 자연냉각시 실온 시간?

✍

🈁 3~4시간

34 제과제빵의 보존료?

✍

🈁 프로피온산

35 제빵에서의 사용하는 퍼센트는 밀가루를 100으로 기준하는 ( )퍼센트를 사용한다.

✍

🈁 베이커스

II. 과자류 재료

01 비터란?

✍

📋 블랜딩법에 주로 이용, 믹서에 연결하여
재료를 혼합하는 도구

02 반죽을 얇게 밀어펴는 기계?

✍

📋 파이롤러

03 무팽창(유지에 의한 팽창)에 해당하는 제품?

✍

📋 페이스트리, 일부 파이 껍질

04 반죽형 케이크의 필수재료?

✍

📋 밀가루, 설탕, 소금, 계란, 고체유지

05 거품형 케이크의 필수재료?

✍

📋 밀가루, 설탕, 소금, 계란

06 반죽형 케이크의 종류와 특징?

✍

📋 **크림법**:유지+설탕 믹싱/부피감
블렌딩법:유지+가루 믹싱/유연감
설탕물법:2 : 1비율, 균일한색상
1단계법:단단계법, 모든 재료 혼합

07 거품형 케이크의 종류와 특징?

✍

📋 **공립법**:전란 믹싱
별립법:흰자 노른자 각각 믹싱 후 혼합

08 물리적+화학적으로 팽창하는 반죽법?

✍

📋 시퐁법

09 비중을 구하는 공식?

✍

📋 반죽무게÷물무게

10 파운드케이크의 비용적?

✍

📋 2.4cm³

144

11 스펀지케이크의 비용적?

✐

답 5.08cm³

12 산성 반죽의 특징?

✐

답 밝다, 작은부피, 단단하다, 옅은향

13 레이어케이크의 전란을 구하는 공식은 쇼트닝×( )이지만, 화이트 레이어 케이크는 쇼트닝×( )이다.

✐

답 1.1, 1.43

14 스펀지 케이크의 팬닝비?

✐

답 60%

15 스펀지 케이크의 4가지 필수재료와 퍼센트?

✐

답 밀가루 100%, 설탕 166%, 계란 166%, 소금 2%

16 제과에서의 고율배합이란?

✐

답 가루 < 설탕

17 시폰케이크나 엔젤푸드 케이크의 이형제?

✐

답 물

18 퍼프페이스트리의 반죽온도?

✐

답 18~20℃

19 파이의 결의 길이는 유지의 ( )에 따라 달라진다.

✐

답 입자크기

20 쿠키의 퍼짐은 설탕의 ( )에 따라 달라진다.

✐

답 입자크기

21 도넛의 글레이즈 품온?

✎

🔖 49℃

22 반죽형 쿠키의 종류 3가지?

✎

🔖 드롭 쿠키(소프트쿠키), 스냅 쿠키(슈가쿠키),
쇼트브레드 쿠키(냉동쿠키)

23 거품형 쿠키의 종류 2가지?

✎

🔖 스펀지 쿠키, 머랭 쿠키

24 튀김기름의 4대 적?

✎

🔖 열, 물, 공기, 이물질

25 푸딩의 팬닝비?

✎

🔖 95%

26 파운드 케이크의 팬닝비?

✎

🔖 70%

27 무스에 사용하는 머랭?

✎

🔖 이탈리안 머랭

28 퐁당의 온도?

✎

🔖 114~118℃

29 생산관리의 3대 요소?

✎

🔖 사람, 재료, 자금

30 원가의 3요소?

✎

🔖 재료비, 제조경비, 노무비

**31 계란의 양이 밀가루에 대하여 (　　)%
이상이 되어야 스펀지라 할 수 있다.**

✎

🔖 50

146

32 공립법에는 가온법과 일반법이 있는데
가온법(더운믹싱) 온도는 ( )℃ 일반법
(찬믹싱) 온도는 ( )℃

📝 43, 22~24

33 파이 제조시 과일 충전물이 끓어넘치는
이유?

📝 껍질에 구멍이 없다, 충전물의 온도가 높다
설탕 함량이 높다, 오븐 온도가 낮다.

III. 기초과학 및 재료과학

01 단당류의 종류?

📝 포도당, 과당, 갈락토오스

02 이당류의 종류 및 분해효소?

📝 설탕→인버타아제, 맥아당→말타아제,
유당→락타아제

03 상대적 감미도의 뜻?

📝 설탕을 기준으로 100이라고 했을 때
단맛을 나타내는 수치

04 상대적 감미도의 수치를 나열하라.

📝 과당(175) > 전화당(130) > 자당(100) > 포도당(75) >
맥아당(32) > 갈락토오스(32~20) > 유당(16)

05 노화지연 방법 3가지 이상을 쓰시오.

📝 냉동저장, 유화제 사용, 당류첨가, 양질 재료 사용,
밀봉, 적정공정관리

06 아밀로펙틴이 100% 구성 되어 있는 것?

✎

답 찹쌀, 찰옥수수

07 가소성이란?

✎

답 낮은온도에서 쉽게 단단하지 않고,
높은 온도에서 쉽게 무르지않는 성질

08 탄수화물의 기본단위?

✎

답 포도당

09 단백질의 기본단위?

✎

답 아미노산

10 지방의 기본단위?

✎

답 글리세린과 지방산

11 탄수화물 분해효소?

✎

답 아밀라아제

12 단백질 분해효소?

✎

답 프로테아제

13 지방 분해효소?

✎

답 리파아제

14 효소의 주성분?

✎

답 단백질

15 우유의 주단백질?

✎

답 카세인

16 밀가루 단백질 함량?

-강력분 :

-중력분 :

-박력분 :

✎

답 **강력분** : 11.5~13%, **중력분** : 9~11%,
박력분 : 7~9%

17 글루텐의 주요 성분 및 퍼센트?

답 글리아딘(36%) - 신장성, 글루테닌(20%) - 탄력

18 단당류 분해효소?

답 치마아제

19 반추 동물의 네 번째 위에 존재하는 응유효소(치즈제조에 이용)?

답 레닌

20 효모(이스트) 의 증식법?

답 출아법

21 이스트 사멸온도?

답 60℃

22 전분 호화 온도?

답 60℃

23 단백질 변성 온도?

답 74℃

24 생이스트의 수분함량?

답 70%

25 생이스트와 건조이스트의 사용비율?

답 2:1

26 당밀을 발효시킨 술?

답 럼주

27 분당은 덩어리 방지를 위해 전분 (　　)%를 첨가한다.

답 3

28 신선한 우유의 pH?

답 6.6

29 우유의 수분과 고형질 함량?

✎

🔒 88%, 12%

30 이스트에 없는 효소?

✎

🔒 락타아제

31 제과제빵의 적합한 물과 ppm?

✎

🔒 아경수 120~180ppm

32 소금의 기능?

✎

🔒 반죽을 단단하게(경화)

33 설탕의 기능?

✎

🔒 반죽을 부드럽게(연화)

34 베이킹파우더의 구성성분 3가지?

✎

🔒 중조, 산작용제, 분산제

35 초콜릿 속 들어있는 코코아 함량 ( ), 코코아버터 함량 ( )

✎

🔒 5/8, 3/8

36 우뭇가사리로부터 추출한 안정제?

✎

🔒 한천

37 동물의 껍질이나 연골로 추출한 안정제?

✎

🔒 젤라틴

38 과일의 세포벽에 들어있는 안정제?

✎

🔒 펙틴

39 기름냄새를 제거시켜주는 향신료?

✎

🔒 넛메그

40 설탕의 원료?

✎

🔒 사탕수수

41 포도당과 과당이 동량 혼합되어있는 당류?

✍

답 전화당

42 밀가루의 손상전분 함량?

✍

답 4.5~8%

43 단백질의 주성분 4가지?

✍

답 탄소, 산소, 질소, 수소

44 밀식품의 단백질 함량 공식?

✍

답 질소×5.7

IV. 영양학

01 열량 영양소 3가지?

✍

답 탄수화물, 지방, 단백질

02 탄수화물은 1g당 (   )kcal

단백질은 1g당 (   )kcal

지방은 1g당 (   )kcal

✍

답 4, 4, 9

03 탄수화물의 1일 섭취 권장량 : (   )%

단백질의 1일 섭취 권장량 : (   )%

지방의 1일 섭취 권장량 : (   )%

✍

답 55~70, 7~20, 15~20

04 탄수화물의 기능?

✍

답 에너지 공급, 혈당 유지, 케톤증 예방, 단백질 절약작용, 정장 작용

05 필수지방산 세가지?

✍

06 지용성 비타민 4가지?

✍

07 필수 아미노산 8가지?

✍

08 유아에게 필요한 필수 아미노산은?

✍

09 완전 단백질의 종류 3가지?

✍

**10 무기질 중 가장 많이 차지하고 있는 것
은 (　　)과 (　　)이다.**

✍

11 혈당을 저하시키는 호르몬?

✍

**12 지용성 비타민 중 토코페롤 이라고도
하며 천연 항산화제 역할을 해주는 비타민
은?**

✍

13 비타민A의 결핍증?

✍

14 비타민D의 결핍증?

✍

15 비타민K의 결핍증?

답 출혈

16 수용성 비타민 종류?

답 비타민B_1, 비타민B_2, 비타민B_6, 비타민B_{12}
비타민C, 비타민P, 나이아신, 엽산, 비오틴

17 티아민은 비타민 (　　) 이라고도 한다.

답 B_1

18 리보플라빈은 비타민 (　　) 이라고도
한다.

답 B_2

19 비타민C의 결핍증?

답 괴혈병

20 엽산의 결핍증?

답 빈혈

21 물의 기능?

답 체중의 55~65%를 차지하며 체내 수분의 20%
상실 시 생명 위험 초래, 영양소와 노폐물의 운반,
대사과정에서의 촉매 작용, 체온의 조절 및 신체
보호 작용, 모든 분비액의 성분

22 침 속(구강/타액) 에 있는 효소?

답 프티알린

23 골격과 치아를 형성하는 무기질?

답 칼슘

24 마그네슘의 결핍증?

답 신경 및 근육경련

25 체액의 삼투압을 조절해주는 무기질?

✍

답 염소

26 헤모글로빈을 구성하는 무기질?

✍

답 철

27 불완전 단백질의 대표적인 예?

✍

답 옥수수 제인

28 단백질의 기능?

✍

답 에너지 공급, 체액 중성 유지, 체조직 구성과 보수, 효소·호르몬·항체 형성과 면역 작용 관여, 정장 작용

29 지방의 기능?

✍

답 에너지 공급, 지용성 비타민의 흡수 및 촉진, 내장 기관 보호, 필수 지방산 공급, 체온 유지

V. 식품위생학

01 식품위생의 대상?

✍

답 식품, 식품첨가물, 기구, 용기, 포장

02 식품위생의 목적?

✍

답 위생상의 위해 방지, 식품영양의 질적 향상 도모, 국민보건의 증진과 향상에 기여

03 HACCP이란?

✍

답 위해요소분석과 중요관리점

04 단백질이 변질하는 현상은 (   ) 탄수화물이나 지방이 변질하는 현상은(   ), 지방이 산소와 결합하여 변질하는 현상을 (   )라 한다.

✍

답 부패, 변패, 산패

05 부패의 영향 요인?

✍

답 온도, 수분, 습도, 산소, 열

06 소독이란?

✎

답 병원균을 대상으로 죽이거나 약화시켜
감염을 없애는 것

07 살균이란?

✎

답 미생물에 물리·화학적 자극을 주어 이를
단시간 내에 사멸시키는 방법

08 카드뮴(Cd)의 중독증?

✎

답 이따이이따이병

09 수은(Hg)의 중독증?

✎

답 미나마타병

10 소독제의 조건으로(다량/미량)으로 살균효과가 있어야 하며,(비싼/저렴한) 가격으로 사용법이 간단해야 한다.

✎

답 미량, 저렴한

11 소독제 중에서 석탄산은 (   )%수용액이며, 표준시약이 된다.

✎

답 3

12 종업원의 손소독 및 식기를 세척할 때 사용하는 소독제는 (   )이다.

✎

답 역성비누

13 (   )은 석탄산의 2배 효과를 가지고 있어 쓰레기장에서 사용된다.

✎

답 크레졸

14 세균류는 (   )법으로 증식한다.

✎

답 이분

15 분변오염의 지표가 되는 균은?

✎

답 대장균

16 (　　　)은 빵곰팡이라고도 부른다.

☑️

답 리조푸스속

17 간디스토마의 1숙주는 (　　　)
간디스토마의 2숙주는 (　　　)

☑️

답 왜우렁이, 담수어

18 폐디스토마의 1숙주는 (　　　)
폐디스토마의 2숙주는 (　　　)

☑️

답 다슬기, 민물게

19 전염원은?

☑️

답 보균자, 환자, 병원체 보유동물

20 식품공장의 작업환경의 마무리 작업의 표준 조도는 (　　　)Lux이상이며, 방충망은 (　　　)메시이다.

☑️

답 500, 30

21 사람과 동물이 같은 병원체에 의해 감염 되는 병을 (　　　)이라 한다.

☑️

답 인축공통감염병

22 결핵의 감염동물은 (　　　)이다.

☑️

답 소

23 식중독은 잠복기가(짧다/ 길다)
식중독은 면역이(된다/안된다)
식중독은 2차감염이(있다/없다)
식중독은(다량/미량)의 균으로 발생한다.
식중독은 사전예방이(가능/불가능)하다.

☑️

답 짧다, 안된다, 없다, 다량, 가능

24 경구전염병은 잠복기가(짧다/길다)
경구전염병은 면역이(된다/안된다)
경구전염병은 2차감염이(있다/없다)
경구전염병은(다량/미량)의 균으로 발생 한다.

☑️

답 길다, 된다, 있다, 미량

25 독소형 식중독의 종류 2가지와 독소명?

✍

🅳 보툴리누스균→뉴로톡신, 포도상구균→엔테로톡신

26 복어의 독소?

✍

🅳 테트로도톡신

27 감자(싹)의 독소?

✍

🅳 솔라닌

28 청매의 독소?

✍

🅳 아미그달린

29 섭조개의 독소?

✍

🅳 삭시톡신

30 독버섯의 독소?

✍

🅳 무스카린

31 분홍색 색소?

✍

🅳 로다민B

32 어패류생식이 원인이 되는 감염형 식중독은 (   )이다.

✍

🅳 장염비브리오균

33 포도상구균은 잠복기가(짧고/길고), 독소는 열에(강하다/약하다)

✍

🅳 짧고, 강하다

34 보툴리누스균은 치사율이(높다/낮다)

✍

🅳 높다

MEMO

MEMO

김 연 진

| 약력 및 경력

- 한성대학교 경영대학원 호텔관광외식경영학 석사
- 제과 / 제빵 / 한식 / 양식 / 일식 기능사
- 케이크 데코레이션 2급
- 커피 바리스타 2급
- 베이커리 위생 관리사
- NCS 기반의 훈련과정 편성 이수
- NCS 기반의 훈련과정 평가실무 이수
- 월드푸드콘테스트 유럽빵부문 금상 기술코치
- 前 리츠칼튼 서울 호텔 베이커리 근무
- 前 구미제과제빵학원 강사
- 前 둔산음식나라조리제과커피학원 제과제빵 강사
- 前 한국생명과학고등학교 방과 후 학교 제과기능사 강의
- 前 FBI제과제빵커피학원 제과제빵 강사
- 前 CIK 한국외식조리직업전문학교 고교위탁 제과제빵 강사
- 現 유튜버 빵선생의 과외교실

2024 제과제빵기능사 CBT 쪽집게 기출문제집

발행일 2024년 1월 2일(6쇄)
발행인 조순자
발행처 종이향기
편저자 김연진
편집·표지디자인 홍현애

※ 낙장이나 파본은 교환해 드립니다.
※ 이 책의 무단 전제 또는 복제행위는 저작권법 제136조에 의거하여 처벌을 받게 됩니다.

정 가 18,000원   **ISBN** 979-11-92903-81-1